中国制造 2025 系列丛书

服务型制造

国家制造强国建设战略咨询委员会
中国工程院战略咨询中心 编著

電子工業出版社
Publishing House of Electronics Industry
北京 · BEIJING

内 容 简 介

本书是围绕经济社会发展和国家安全重大需求，由中国工程院会同工业和信息化部、国家质量监督检验检疫总局联合组织开展的"制造强国战略研究"重大战略咨询研究项目的成果之一。

发展服务型制造与我国经济新常态息息相关，它是在全球新一轮科技创新和技术革命推进下，我国制造业增长方式转变和消费模式升级的内在要求。本书阐述了发展服务型制造的重要性及发展的趋势、业态，分析了制造业与服务业融合的路径，并以机械工业、钢铁行业、轻工行业、纺织鞋服制造业四大行业为例，讲述了重要行业发展服务型制造的现状、趋势及问题等，最后列举世界知名制造企业的转型历程及成绩，为我国发展服务型制造提供借鉴作用。

本书可为政府部门、制造业企业和研究机构提供参考，也可供高等院校相关专业师生及对制造业感兴趣的读者阅读。

图书在版编目（CIP）数据

服务型制造/国家制造强国建设战略咨询委员会，中国工程院战略咨询中心编著. —北京：电子工业出版社，2016.5

（中国制造 2025 系列丛书）

ISBN 978-7-121-28168-6

I. ①服… II. ①国… ②中… III. ①制造工业—工业发展—研究—中国
IV. ①F426.4

中国版本图书馆 CIP 数据核字(2016)第 029829 号

责任编辑：郭穗娟
印　　刷：北京七彩京通数码快印有限公司
装　　订：北京七彩京通数码快印有限公司
出版发行：电子工业出版社
　　　　　北京市海淀区万寿路 173 信箱　邮编　100036
开　　本：720×1000　1/16　印张：13　字数：312 千字
版　　次：2016 年 5 月第 1 版
印　　次：2023 年 9 月第 2 次印刷
定　　价：109.00 元

凡所购买电子工业出版社图书有缺损问题，请向购买书店调换。若书店售缺，请与本社发行部联系，联系及邮购电话：（010）88254888，88258888。

质量投诉请发邮件至 zlts@phei.com.cn，盗版侵权举报请发邮件至 dbqq@phei.com.cn。

本书咨询联系方式：（010）88254502，guosj@phei.com.cn。

落实《中国制造 2025》加快建设制造强国

——在国家行政学院“中国制造 2025”专题研讨班上的讲话

（代 序）

马 凯

制造业是国民经济的主体，是立国之本、兴国之器、强国之基。党中央、国务院历来高度重视制造业发展。习近平总书记强调，“工业化很重要，我们这么一个大国要强大，要靠实体经济，不能泡沫化”，“要推动中国制造向中国创造转变、中国速度向中国质量转变、中国产品向中国品牌转变”。李克强总理指出，“制造业发展与就业民生密切相关，根本出路在于加快创新升级，强化质量品牌建设，打牢实体经济根基”。为推动中国制造由大变强，党中央、国务院着眼全球视野和战略布局，立足我国国情和发展阶段，做出了实施《中国制造 2025》的战略决策，这是未来 10 年引领制造强国建设的行动指南，也是未来 30 年实现制造强国梦想的纲领性文件。

实施《中国制造 2025》，加快建设制造强国，要全面贯彻党的十八大和十八届三中、四中全会精神，坚持市场主导、政府引导，立足当前、着眼长远，整体推进、重点突破，自主发展、开放合作，坚持创新驱动、智能转型、强化基础、绿色发展、人才为本，坚持把装备升级作为重中之重，积极推动信息技术与制造技术深度融合，大力提升国家制造创新能力，夯实工业四大基础，提高数字化、网络化、智能化制造水平，促进产业转型升级，努力满足经济社会发展和国防建设需求，加快实现制造业由大变强的历史跨越。

组织实施《中国制造2025》，是一项庞大的系统工程，涉及方方面面、关系全国上下，需要中央、地方、企业、科研院所、大专院校、金融机构等有关方面广泛参与、共同努力。当前和今后一个时期，我们要全面动员社会各方力量、充分汇集社会各方资源，千方百计、扎扎实实地把《中国制造2025》组织实施好，加快把战略规划转变为年度计划，把年度计划落实到实际行动，把实际行动转化成实实在在的发展成效。

第一，企业要承担起制造强国建设的主体责任。企业是战略规划的实施主体，在制造强国建设中肩负着重要使命。我们衡量由制造大国到制造强国转变的一项重要指标就是能否形成一批富有创新精神、竞争力强、在国际上有重要影响的制造业大企业大集团，能否形成一批世界知名的制造业品牌。重点要抓好七个方面。**一要抓市场**。坚持市场导向，做好市场分析，瞄准市场需求，紧盯国家短板，紧跟未来科技发展。唯有如此，企业发展才有出路。离开市场，发展就会缺乏动力，也难有效益。**二要抓创新**。这是建设制造强国的根本。这里所说的创新，是全方位、全过程、全环节的创新，包括技术创新、体制创新、管理创新、商业模式创新等，也包括从整机到核心元器件、材料、工艺等各方面/各环节的创新。**三要抓融合**。下一步制造业的发展，核心就是要抓信息技术与制造技术的深度融合，实现“数字化、网络化、智能化”制造，这是新一轮科技革命和产业变革的核心所在。在过去的200年里，我国与第一次、第二次工业革命失之交臂，但目前我国无论是装备制造业还是信息技术产业都具备了相当的基础。如果搞得好，就完全有可能走在世界前列。**四要抓服务**。制造业服务化是现代制造业的发展趋势，也是做强服务业的重要途径。从一定意义上讲，未来制造业的竞争，就是生产性服务业的比拼。要加快制造与服务的深度融合，大力发展工业设计和服务型制造，把前端研发设计和后端售后服务的水平提升上去，提高企业价值创造能力。其中，要特别重视工业设计。科技是第一生产力，设计是科技+艺术，是一种新的生产力。杨振宁说，21世纪是设计的世纪。哪个民族不重视设计，就要落后。**五要抓基础**。我国制造业与国际先进水平的差距，表现出来的是整机或最终产品的差距，但背后却是材料、工艺、元器件等整个工业基础问题。如果关键基础材料、核心基础零部件（元器件）、先进基础工艺及产业技术基础这四个基础不打牢，那么高端产品是生产不出来的。企业要向价值链高端攀升，必须在这“四基”上狠下功夫。**六要抓开放**。有条件的企业要加快走出去步伐，学会利用两种资源、两个市场。特别是在我国经济进入新常态的大背景下，要积极参与国际产能和装备制造合作，在国际竞争中扩大市场、提升竞争力。**七要抓改革**。上述几条能不能真正搞好，最终还是要靠改革。要坚持问题导向，深化国有企业改革，健全内部治理结构，加快建立与市场经济相适应的选人用人、业绩考核、收入分配等激励约束机制。在大胆推进改革的同时，也要注意把增强活力和加强监管相结合，确保国有资产保值增值。中央企业在国民经济发展中具有十分重要的地位和作用，是制造强国建设的骨干和中坚，要积极履行使命，主动承担重任，切实发挥好主力军和排头兵的作用。行业协会是政府与企业的桥梁和纽带，要把规划实施与行业实际紧密结合，不断加强对行业企业的指导和服务。

第二，政府要为制造强国建设创造良好发展环境。推进制造强国建设，主要应靠企业努力，但离不开政府的组织、引导、推动和政策支持。政府要准确把握定位，不能“越位”，也不“缺位”，关键是不能替代市场的主导作用和企业的主体作用。政府的定位就是要深化体制改革，完善政策支持，创造良好环境，为制造企业减负，为创新创造松绑，为产业发展保驾护航。**一要**在深化改革、简政放权上下工夫。深化市场准入制度改革，实施负面清单管理，加强事中事后监管。**二要**在创造公平竞争环境、激发企业创造活力上下工夫。健全知识产权创造、运用、管理、保护机制，严厉惩处市场垄断和不正当竞争行为，依法打击侵权行为。**三要**在发挥制度优势、集中力量办大事上下工夫。有些战略新兴产业一开始仅仅依靠市场很难地发展起来,要发挥社会主义优越性，整合有效资源，积极推动制造业重大工程建设。**四要**在推广应用上下工夫。加快落实支持重大装备规模化应用的政府采购政策，落实好、完善好首台（套）重大技术装备应用等鼓励政策。**五要**在财税、金融支持政策上下工夫。完善税收制度，创新财政资金支持方式，积极发挥政策性金融、开发性金融和商业金融的优势，加大对高端装备重点领域的支持力度。

第三，各地区要因地制宜抓好制造强国战略推进实施。地方政府是战略规划实施的重要力量。《中国制造 2025》印发后，不少地方都将其作为新的经济增长点，抓紧研究制订/落实意见或行动计划。这里有几点要注意。**一要吃透精神**。各地要及时传达党中央、国务院有关精神和要求，认真组织学习《中国制造 2025》，把握好规划的指导思想、基本原则和核心内容。**二要加强组织**。健全本地区工作推进机制，强化部门协同和上下联动，确保重点工作落实到位。**三要科学规划**。各地要从各自省情、区情、市情出发，结合自身制造业发展实际、所处阶段和比较优势，科学地制定发展规划。**四要突出重点**。各地都要分析自身优势所在，确定本地区发展重点，不能简单机械地照搬或者搞层层分解，切忌面面俱到、什么都搞。要选择有优势的领域或者产业链的优势环节，集中力量实现重点突破。**五要大胆探索**。《中国制造 2025》的实施需要在体制机制等方面开展创新，具备条件的地方应积极探索、先行先试。例如，制造业发展条件好、创新资源丰富的地区，可以率先探索建立区域性创新中心，带动本地区制造业创新发展等。

第四，科研院所和高等院校要为制造强国建设提供坚实的科技和人才支撑。科研院所和高校是科技创新和人才培养的重要基地，在制造强国建设中承担着不可替代的职责。制造业最终的比拼就是人才的比拼，是各个层次人才的比拼，包括一流科学家、高素质科研人员、各行业领域领军人物，也包括高级技工，还包括一般工人。总之，人才是关键。科研院所和高等院校要切实抓好以下几方面工作。**一要在主动参与企业为主体的产学研用协同创新上下工夫**。科研院所和高等院校要走出校门、走出院门，和企业结成共同体，形成一个新的协同创新体系。高铁的成功，协同创新功不可没，其中科研院所和高等院校都发挥了重大作用。**二要在基础研究上下工夫**。基础研究是科技创新的根基，这是企业和政府取代不了的。原始创新能力不强、重大原创性成果不多，是建设制造强国最为突出的一块短板。要瞄准国家重大战略需求和未来产业发展制高点，大力加强基础研究和高技术研究，不断提高原始创新能力，为制造业技术创新提供坚实的科学基础。**三要在突破共性技术上下工夫**。过去，我国在共性技术领域拥有一套完整、系统的研发体系和人才队伍，但原行业的科研院所转企改制后共性技术供给严重缺失。要尽快整合有关力量，加强与“四基”企业、整机企业对接合作，积极参与设立制造业创新中心，加快突破关键基础材料、核心基础零部件等的工程化、产业化瓶颈，夯实制造业发展的基础。**四要在推动成果转化上下工夫**。成果转化是联结科技与经济的纽带，是技术从实验室走向市场、实现价值创造的关键一跃。要以完善激励机制为重点，加快推进科技成果使用、处置和收益管理改革，大力推动科技成果产业化。**五要在人才培养上下工夫**。一方面，要以高层次、急需紧缺专业技术人才和创新型人才为重点，实施专业技术人才知识更新工程和先进制造卓越工程师培养计划，打造一支高素质的专业技术人才队伍。另一方面，要强化职业教育和技能培训，形成一支门类齐全、技艺精湛的技术技能人才队伍。

第五，金融机构要为制造强国建设提供全方位的金融服务。金融和实体经济是命运共同体，一荣俱荣、一损俱损。金融是现代经济的核心，实体经济是金融的根基；离开了实体经济发展，金融也就成了无源之水、无本之木。因此，金融机构要牢牢树立为实体经济服务的理念，创新金融产品，创新服务模式，拓宽制造业融资渠道，千方百计降低企业融资成本，支持制造业发展。要积极发挥政策性金融、开发性金融和商业金融的优势，加大对新一代信息技术、高端装备、新材料等重点领域的支持力度。健全多层次资本市场，支持符合条件的制造业企业上市融资、发行各类债务融资工具。积极引导风险投资、私募股权投资等支持制造业企业创新发展。探索开发适合制造业发展的保险产品和服务，鼓励发展贷款保证保险和信用保险业务。在风险可控和商业可持续的前提下，通过内保外贷、外汇及人民币贷款、债权融资、股权融资等方式，支持企业走出去。

第六，专家学者要为制造强国建设提供广泛的智力支持。制造强国战略实施，涉及经济、法律、政策、产业、技术、管理、文化等多个领域，需要广泛的智力支持。广大专家学者是党和国家的宝贵财富，是实施《中国制造2025》的重要依靠力量。在《中国制造 2025》的形成过程中，专家学者做出了重大贡献。希望在实施推进过程中，广大专家学者能够继续发挥作用、提供智力支撑。为保证规划实施的科学化、民主化，国务院决定成立制造强国建设战略咨询委员会，作为领导小组咨询机构。该咨询委员会由产业经济、专业领域、行业协会、企业代表等方面的院士和专家组成，代表着各领域的最高水平。各位专家要加强制造业前瞻性、战略性、长远性问题调查研究，积极建言献策，提出有价值和独立见解的咨询意见和建议。今后，对拟提交领导小组审议的重大问题，要积极吸收有关专家参与研究，主动征求咨询委员会意见建议，充分开展论证评估。与此同时，也要支持包括社会智库、企业智库在内的多层次、多领域、多形态的中国特色新型智库建设，为制造强国建设提供咨询建议。

加快建设制造强国，任务艰巨，意义重大。我们要紧密团结在以习近平同志为总书记的党中央周围，求真务实，奋发有为，共同推动我国实现从制造大国向制造强国的历史性转变，为全面建成小康社会、实现中华民族伟大复兴的中国梦做出新的更大贡献！

2015年7月14日

目录

Contents

1

服务型制造的战略思考

冯 飞[1]

1 工业和信息化部副部长

在新一轮科技革命和产业变革、国际竞争日趋激烈，以及我国结构调整、发展动力转换的形势下，发展服务型制造，成为制造业创新发展的战略性选择，成为推动制造业转型升级的必然路径。我们要认真贯彻党的十八届五中全会精神，全面落实《中国制造 2025》战略部署，加快制造与服务的协同发展，推动商业模式和业态创新，促进生产型制造向服务型制造转变。

一、充分认识发展服务型制造的战略意义

服务型制造，是工业化进程中制造业转型发展的一种新型产业形态。发展服务型制造，就是要以满足市场需求为中心，以产业链利益相关方的价值增值为目标，通过对生产组织形式、运营管理方式和商业发展模式的优化升级和协同创新，不断提升服务在制造投入和产出中的比重，推动制造业由生产型向生产服务型转变，实现产业价值链的延展和提升，实现新的价值创造，打造竞争新优势。

当前，新一轮科技革命和产业变革与我国加快转变经济发展方式形成历史性交汇，国际产业分工格局正在重塑，我国的制造业正面临着前所未有的机遇和挑战，调整结构、转型升级、提质增效刻不容缓。贯彻落实《中国制造 2025》，推动制造业智能化、绿色化、服务化[2]发展，是主动适应我国经济发展"新常态"、形成经济增长新动力，实现中国制造向中国创造转变、中国速度向中国质量转变、中国产品向中国品牌转变的战略任务。智能化、绿色化已经被广为熟知，而对服务化还比较陌生，我们要切实增强对发展服务型制造的认识理解和推进力度。

[2] 马凯，构建产业新体系（学习贯彻党的十八届五中全会精神），人民日报，2015 年 11 月 10 日.

服务型制造发展的战略背景

从生产型制造向服务型制造转变，是现代产业分工不断细化、生产组织方式高度协同的必然趋势，也是消费升级的客观要求。但是即使是在发达国家，服务型制造领域的企业实践和理论研究也尚处于探索阶段，新模式新业态不断涌现，我国在这方面更是刚刚起步。应该说，在我国经济“新常态”下发展服务型制造，有着深刻的背景和意义。

1. 我国进入工业化中后期和发达国家的“再工业化”叠加，催生服务型制造的发展

从人均 GDP、三次产业结构、农业从业人口比例、城镇化率等指标判断，我国已经处于工业化中后期阶段。国际经验表明，该阶段往往是曲折和极富挑战性的。在这一阶段，经济增长从主要依靠资本投入转向主要依靠技术进步，专业分工细化对生产性服务的需求明显增加，制造企业的服务占收入和利润比重明显增加。同时也要看到，发达国家的“再工业化”进程和我国进入工业化中后期形成了叠加。特别是在 2008 年金融危机以后，美、德、英、法、日、韩等发达国家开始重振制造业和大力发展实体经济。这个进程不是简单提高制造业产值比例，而是通过现代信息技术与制造业的融合、制造与服务的融合[3]，发展智能制造和智能服务，提升综合竞争力。“再工业化”战略通过效率提升和服务转型，对后发国家的资源禀赋和比较优势造成重大冲击，并很有可能封堵“雁行理论”的赶超路径。我国的新型工业化建设面临着严峻的挑战，亟需快速发展服务型制造和生产性服务业。

[3] 黄群慧，中国的工业化进程：阶段、特征与前景（下）[J]，经济与管理，2013（7）.

2. 全球新一轮科技创新和技术革命的演进，助力服务型制造的发展

20 世纪 90 年代初期，一些跨国企业在信息通信技术还不普及的条件下，依靠核心技术和协同能力，探索服务模式创新，抢占了制造业企业服务化转型的先机。而今，新一轮科技革命的爆发特别是移动互联网、云计算、大数据等技术的快速普及，为后发国家加快信息化和工业化融合，推动服务型制造发展创造了条件。从制造业看，科技与信息技术提升了资源配置效率，优化了生产组织和运营管理方式，催生了平台经济发展，为建立更加复杂化、融合化、柔性化的制造系统和产业协同创造了条件。虽然我国在制造业的硬件智能化、软件一体化、工业自动化领域和发达国家尚有一定差距，但在利用信息技术改造制造业方面和发达国家几乎处在“同一起跑线”，一些电子信息和互联网企业在生产规模、业态创新和市场应用等方面和国际先进企业几乎可以比肩。2015 年 7 月，国务院发布了关于积极推进“互联网+”行动的指导意见。用好“互联网+”的优势，进一步加速“两化”深度融合，切实助力服务型制造的发展，不仅可以摆脱全球产业价值链的低端锁定，也能为我国制造业迅速弥补差距、实现跨越式发展找到可行路径。

3. 我国制造业增长方式转变和消费模式升级的内在要求，倒逼服务型制造的发展

改革开放以来，中国经济连续三十多年保持了 10%左右的增速，经济社会发展取得了举世瞩目的成就。其中，第二产业特别是制造业可谓功不可没，增加值超越美国成为全球制造第一大国，支撑和保障了载人航天、探月工程、载人深潜、北斗卫星导航系统、超级计算机、高速铁路等一系列国家重点项目和重大工程。但是，我国制造业总体仍处于国际产业价值链的中低层，存在着严重的“高端不足、低端过剩”现象，转型升级迫在眉睫。从制造业发展的供求关系看，一方面是国内国际市场需求升级态势明显，消费群体不再满足于企业提供的产品本身，更加注重与物品相伴随的差异化供给和个性化服务；另一方面是企业普遍重生产、轻服务，经营模式过于单一，供给与需求错位的问题日益凸显，亟需转变制造业发展方式。从劳动生产率指标看，

我国制造业人均增加值大约只有美国和日本的 1/20，制造业附加值率只有美国和日本的 1/2，还有很大潜力和提升空间[4]。因此，在继续加大物质形态投入的同时，必须更加重视面向客户的研发设计和产品服务等要素的投入，既要提升微笑曲线的生产环节品质和效益，也要向高附加值环节延伸，才能有效推动中国制造的“三大转变”，实现可持续发展。

服务型制造是制造与服务融合发展的新型产业形态

不同于传统的生产型制造，服务型制造是面向制造的服务和面向服务的制造协同发展的新型产业形态。

制造业是国民经济的主体，是立国之本、兴国之器、强国之基。发展服务型制造，实现制造业的服务化转型，必须坚持以制造为基础实现制造与服务的融合发展，其核心要求：一是投入服务化，即服务要素在制造业的全部投入中占据越来越重要的地位；二是业务服务化（产出服务化），即服务产品在制造业的全部产出中占据越来越重要的地位。推动制造与服务的深度融合，绝不是鼓励制造业企业跨界开展与主业无关的其他服务。

就内涵来看，服务型制造有以下特征。

1. 在经营导向上，客户导向和需求导向开始贯穿整个生产组织

传统制造企业内部往往强调产品和工艺导向，客户需求和产品技术之间信息传导慢、有效衔接难。而服务型制造模式通过流程再造和信息支撑，使内部生产经营各个环节都能够围绕客户导向和需求导向开展业务，实现了企

[4] 冯飞，认识新一轮的科技革命和产业变革中的中国制造，中国信息化百人会（www.chinainfo100.com），2015 年 08 月 31 日.

业内部生产经营目标的一致性和管理节奏的协同性。只有这样，企业在与外部环境的交流互动中，才能不断优化生产环节、改进产品服务系统，创造更大价值。

2. 在价值实现上，实体价值和服务价值都成为重要的价值来源

传统制造企业主要通过物质投入和产品生产实现价值增值，实体价值的增值空间有限。服务型制造基于生产并向客户提供具有高附加值的产品服务，通过差异化和聚焦战略推动价值链向微笑曲线两端延伸，同时通过优化供应链管理、开展服务外包等举措提升劳动效率。这种实体价值和服务价值混合的实现方式，大幅度拓宽了制造业的价值实现空间，构建并形成了不易模仿、不易复制的企业核心竞争优势。

3. 在生产组织上，面向客户的主动协同成为企业运作的重要模式

传统的制造模式在生产组织上强调自上而下的生产动员和资源组织方式。而服务型制造改变了原来的管理方式，通过构建响应市场需求、及时服务客户的生产服务网络，健全了企业各环节基于顾客相关需求的动态化、主动化服务体系。围绕客户需求，以各自业务功能及协作流程为契合点，实现制造资源、知识资源和服务资源的有效整合。

4. 在驱动因素上，自主创新成为核心驱动力量

制造业和服务业的融合加速了生产体系的重构。为实现面向客户价值的服务型制造，企业必须在资源管理、产品生产、运营流程等多个层面探索创新，广泛应用新技术特别是信息技术推动生产方式的转变，促进发展动力向创新驱动转变，不断提高企业的协同水平和服务水平，才能增强抗风险能力和核心竞争力。

我国服务型制造正在加快发展

在新一轮产业变革中，我国制造业企业积极适应新形势和新环境，不断推动战略转型和实践探索，走出一条符合我国国情的服务型制造发展道路。

1. 制造企业在不同程度上开展了服务型制造

2015 年，中国工业经济联合会开展的服务型制造调研结果显示，在抽样企业中，四成以上独立开展了服务业务，六成以上与其他机构合作开展了服务业务。但业务主要集中在简单易进入的基本服务领域，包括产品开发、质量检验、售后服务等。而创新设计、产品全生命周期管理、供应链管理优化、融资租赁、合同能源管理、总集成总承包等高附加值服务，在开展广度和深度上还有较大提升空间。

2. 服务对制造业的利润贡献还很低

就服务收入来看，中国机械工业联合会与德勤联合发布的《2014 中国装备制造业服务创新调查》报告中显示，78%的被调查企业服务收入占总营业收入比重不足 10%，只有 6%的企业服务收入占比超过 20%，这一比值和全球制造业平均 26%的调查数据差距较大。就净利润而言，81%的被调查企业服务净利润贡献率不足 10%，其余企业的服务净利润贡献率基本上在 10%～20%之间徘徊。考虑到调查取样的因素，全国制造业的服务收入和利润贡献水平可能还要更低一些。

3. 领军企业的服务型制造步伐不断加快

在市场需求和政策推动下，一些行业内特色优势企业及知识密集型企业已经成为服务型制造的先行者，在装备制造、通信设备、信息技术、汽车、智能设备等制造领域涌现出一批成功的案例。这些领军企业重点发展独立的服务业务单元及基于客户需求的整体解决方案，并积极运用资本杠杆实施业务多元化战略，实现了提质增效的目的，打造了竞争新优势。

我国服务型制造面临的困难和问题

与国际先进水平相比，与制造强国的目标相比，我国服务型制造的发展依然存在一些制约因素。

1. 规律认识不清

对发展服务型制造的现实意义和概念内涵尚未形成统一认识，对服务型制造的发展方向和路径选择认识不清，一定程度上影响了社会各界对推动制造业服务化转型的决心。服务型制造的发展任重道远，不可能一蹴而就，需要在探索中砥砺前行。

2. 企业能力不足

制造企业还普遍囿于传统生产模式，重生产轻服务、重规模经营轻个性化定制。发展服务业务的转型能力不足，企业普遍感觉缺乏开展服务业务需要的技术、资本与人才储备，面对市场不确定性时难以抉择。

3. 发展水平不均

在不同领域、不同地域和不同规模的企业中，服务型制造的开展方式和应用深度差距很大。一些行业领军企业和特色优势企业已将研发设计和整体解决方案等作为重要业务，但大部分企业仍处于基本服务阶段并未开展深度服务。经济发达地区企业开展服务型制造的主动性强，而中西部很多省份由于发展阶段和基础条件的限制，开展服务型制造的意愿有限。

4．公共服务不够

目前尚未形成有效的技术支撑和政策支撑体系，社会配套的公共服务还不能满足服务型制造的发展需要，特别是在支持企业对接市场需求、提升技术能力和改善资金条件等方面，需要更加到位、更加优质的公共服务。

5．产业人才不济

适应服务型制造的创新人才培养体制机制尚不完善。从调研来看，很多企业都认为专业人才匮乏是目前制约服务型制造发展的主要因素。如果不能加快复合型高端人才的培养和引进，人才问题将长期制约我国服务型制造发展。

二、进一步明确发展服务型制造的战略目标

目前，我国正在深入推进《中国制造 2025》、“互联网+”行动计划及“大众创业、万众创新”，多个重大战略的出台，为制造业发展营造了良好的政策环境。2015 年 10 月召开的党的十八届五中全会，对“十三五”时期我国经济社会发展进行了全面部署，进一步强调要加快发展生产性服务业，推动生产型制造向生产服务型制造转变。2015 年 12 月召开的中央经济工作会议，提出要推进供给侧结构性改革。我们要切实加强顶层设计、强化战略引领，明确发展服务型制造的战略思路和目标导向，推动服务型制造加快发展。

发展服务型制造的总体思路

围绕《中国制造 2025》总体部署要求，深刻把握我国经济发展的“新常

态”、全球科技革命的“新机遇”和制造强国战略的“新要求”，以提质增效为中心，以工业化和信息化融合、制造业与服务业融合为手段，引导和鼓励市场主体瞄准制造业价值链高端环节，加快技术创新和模式创新，推动服务型制造沿着“价值化、专业化、协同化、智能化、高端化”方向发展，在实现制造强国战略进程中发挥更大的作用。

1. 发展导向价值化

进一步树立客户意识和市场观念，引导和支持企业全面对接市场需求，不断提升需求感知能力和客户服务能力，逐步形成同步实现客户价值和企业自身价值的双赢格局。

2. 产品服务专业化

支持企业结合自身禀赋和资源优势，聚焦企业核心业务，不断深化资源优势、技术优势，建立健全基于制造的产品服务系统，提升服务型制造的专业化和精细化水平。鼓励优势制造业企业“裂变”专业优势，通过业务流程再造，面向行业提供社会化、专业化服务。

3. 组织形式协同化

支持企业内部和企业之间开展基于工艺技术、业务流程、功能服务等各层面的专业化分工协作，鼓励制造企业逐步突破生产和服务、企业和社会的组织边界，实现在目标导向下社会分散资源的有机整合，切实加快智能制造和智能服务的融合发展。

4. 服务方式智能化

加大信息通信技术的支撑和保障力度，加快“物联网”和“工业互联网”基础设施建设，利用大数据、云计算等先进技术推动流程再造，利用众创、众包、众扶、众筹等新模式发展平台经济，打造大众创业、万众创新支撑平台，以服务智能化构筑服务型制造发展的新优势。

5. 业务层次高端化

围绕制造业关键技术和核心产品，加强服务的系统性和复合度，创新商业模式和业务形态，不断提升制造业的生产效率和附加值率。引导和支持有条件的企业由提供设备向提供系统集成总承包服务转变，由提供产品向提供整体解决方案转变。

发展目标

从 2015 年开始，力争用 10 年时间，即到 2025 年，基本实现制造业和服务业协同发展和深度融合，形成和我国制造强国地位相适应的服务型制造能力，带动产业价值链的整体提升，有效提高制造业企业的劳动生产率和产品附加值。

1. 发展绩效层面

培育一批综合实力强、行业影响大的国家级服务型制造示范企业和一批带动性强的服务型制造重点项目，示范企业服务型制造的收入占总营业收入比重达到国际先进水平，企业内部从事服务的复合型高端人才占全部从业人员的比例大幅提升。

2. 发展格局层面

大中型企业内部独立开展服务型制造的部门逐步增多，小微企业专业化服务水平不断提升。建设有效支撑服务型制造发展的政策支持体系和公共服务平台网络，基本实现东中西部各区域服务型制造的梯次发展，全方位、宽领域、深层次的融合发展格局初步形成。

3. 发展环境层面

服务型制造的理论研究和体系构建逐步清晰，服务型制造的宣传推广更加普及，国际交流不断增多，社会各界对相关概念和发展趋势更加了解，形成促进服务型制造发展的良好社会环境。

战略选择

推进服务型制造战略的发展是一项系统工程，需要处理好以下五个方面的关系。

1. 处理好强化制造和提升服务的关系

服务型制造是基于制造业发展基础上的服务化转型，是强制造，不是去制造。新一轮的科技革命与产业变革使人们认识到，服务业的发展是以强大的工业制造能力为基础的，而且制造不仅是原来微笑曲线中的生产加工环节，还包含了研发、设计和相关服务环节，制造在产业价值链上的战略地位变得越来越重要。金融危机后，发达国家再次抢占制造领域的制高点，就是基于这样的判断和认识。我国发展服务型制造，要牢牢把握强化制造业核心竞争力这个关键点，通过优化服务机制推动制造业技术能力的升级，不断提升制造业国际竞争力。

2. 处理好趋势引导和示范引领的关系

服务型制造是广泛出现在制造业各个领域、各个地域、各种规模企业中的新型产业形态，在不同行业、不同发展阶段有各自的特点和明显的差异，引导服务型制造发展，要全面发力，在制定标准、完善政策、培育人才上下大力气，在凝聚社会合力共同推动上下大力气，通过营造环境来引领趋势发展。同时，作为《中国制造 2025》的重要支撑，我们也要抓住服务型制造的关键环节，坚持问题导向和发展导向，加强示范引领和政策保障，在重点领域和重点地区推进项目引领和企业示范，以点带面、点面结合，推动各项工作扎实开展。

3．处理好扶持领军和服务中小的关系

服务型制造的实践探索，来源于大型传统制造业企业向服务型制造的战略转型。我们要充分重视领军企业的作用，充分发挥其核心技术强、产业链条长、内部交易成本低、产业协作能力强的优势，鼓励企业深化管理创新和业务流程再造，全面整合产业链条，提升分工协作效率和服务水平。同时，也要通过构筑公共服务平台，扶持专业化、服务化的中小企业发展。鼓励中小企业走专、精、特、新、优发展道路，积极与专业化服务公司开展合作外包非核心业务，或者发挥比较优势面向行业、区域、大型企业提供专业化服务。通过扶持领军企业、服务中小企业，培养更多制造领域的“单项冠军”和专业化集群。

4．处理好外部推进和内生发展的关系

要加快服务型制造的战略实施，必须加强顶层设计和规划引领，强调任务部署和工作安排，按照既定目标，全面、系统、有序地推动发展。同时也要看到，服务型制造的模式很多，不宜统得太严、管得太死，要把工作重点放在培养企业面向市场的协同发展能力上，放在构建技术升级创新体系上，放在提升从业人员素质水平上，放在激发企业内生动力和创新活力上，避免政策“一刀切”和工作的刚性推进，切实引导企业结合自身优势和发展环境，因地制宜、因势利导地发展适合企业特点的合理模式和有效途径。

5. 处理好开放合作和产业竞争的关系

服务型制造是市场驱动下企业发展的结果，是产业层面的发展趋势，在发挥市场作用加强国际合作交流与提升我国制造业自身竞争力之间，需要强化“竞合”思维，平衡两者关系。一方面发达国家和大型跨国企业的发展历程和发展经验值得我国研究学习，要坚持开放合作的态度，在企业实践和理论研究等层面推动交流，广泛开展企业合作和项目合作，积极引进先进技术和高端人才。另一方面，也要加大产业政策引导力度，完善相关政策体系，充分提升我国制造业自身的综合实力，鼓励参与国际竞争和产业分工，不断增强在国际产业体系中的地位和话语权。

三、发展服务型制造的战略任务

实现服务型制造的发展目标，必须使市场在资源配置中起决定性作用和更好地发挥政府作用，坚持产业政策要准的思路原则，统筹谋划、整体部署、协调推进，全面完成重点战略任务。

加强服务型制造政策引导

充分发挥宏观经济政策导向作用，营造良好政策环境，鼓励、支持、引导企业瞄准价值链高端环节开展服务型制造。

1. 加大政策力度

研究制定促进服务型制造发展的指导意见，明确服务型制造发展的总体思路和重点方向。尽快启动三年行动计划（2016—2018 年），全面开展服务型制造示范试点，支持公共服务平台建设，推动服务型制造创新发展。切实转变政府职能，不断完善产业政策，以及财税、金融、土地等政策措施，为制造业与服务业融合营造良好的政策环境。加强对地方政府的政策推广和工作指导，支持各地因地制宜制定服务型制造发展规划和政策。

2. 优化发展环境

及时跟踪国内外服务型制造发展新趋势、新模式，进一步规范服务型制造的技术标准和市场秩序，加强知识产权保护，探索建立服务型制造产业调查机制和评价指标体系，服务并支持服务型制造发展。培育服务型制造公共服务体系，鼓励社会资本以 PPP（Public-Private-Partnership，公共私营合作制）模式参与公共服务平台建设，实现收益共享、风险共担、互利共赢。

3. 深化研究宣传

广泛联系高校、院所和协会，系统性开展理论研究、实践总结和政策研讨活动。整合国内外专家资源，建立服务型制造科学咨询体系，组织专家深入企业开展现场诊断服务。通过案例推广、专著文章、专题报告、媒体宣传等形式，加大对服务型制造理论和实践的宣传推广。

推动服务型制造创新发展

鼓励和支持制造业企业加大服务投入，创新商业模式和业务形态，实现转型升级、提质增效，打造竞争新优势。

1. 支持服务型制造在重点行业、重点工程的落地发展

瞄准新一代信息通信技术、高档数控机床和机器人、航空航天装备、海洋工程装备及高技术船舶、先进轨道交通设备、节能与新能源汽车、电力装备、农机装备、新材料、生物医药及高性能医疗器械等重点领域，推进相关产业链深度整合，鼓励制造企业结合重大服务需求开展服务型制造；在研发设计、流程再造、信息支撑、国际竞争等方面予以相关企业政策引导和资源支持，提升制造企业生产效率和产品附加值，服务重点行业发展和重点工程建设。

2. 支持服务型制造重点区域的集聚发展

结合“一带一路”建设、京津冀协同发展、长江经济带等国家重大战略布局，积极扶持和建设一批区位优势突出、制造基础雄厚、配套服务完备的服务型制造集聚区。以空间聚集为载体，整合研发设计、供应链管理、市场服务以及金融等服务资源，建立企业合作对接平台，形成制造与服务协同融合、互为支撑的产业发展格局。

3. 支持服务型制造典型模式示范发展

支持创新设计示范发展，充分发挥设计在推动“三个转变”中的桥梁纽带作用，引导企业强化创新设计能力，全面推广以智能、绿色、协同为特征的先进设计技术。支持供应链管理示范推广，引导企业完善供应链管理信息平台，加强与产业链上下游供应商的信息交互与协作，实现供应链协同与优化管理。支持产品全生命周期服务示范发展，强化以产品质量为核心的质保体系，做好产品售后的访问、保障和维修服务。立足科技与研发优势，利用信息技术开展在线远程监测、管理、维护、故障处理等服务，鼓励企业逐步开展再制造服务，节约资源，减少浪费和污染。支持总集成总承包示范发展，鼓励制造企业运用既有优势，开展总集成、总承包，提供一体化的产品设计、方案咨询、系统设备提供、系统安装与调试等系统服务和交钥匙工程。支持设备融资租赁、行业整体解决方案等多种商业模式创新示范，不断提升专业

化服务水平。

夯实服务型制造发展基础

强化服务功能区与公共服务平台建设，提高信息通信技术对服务型制造的支撑作用，大力培养高端复合型人才，为服务型制造的发展打下坚实基础。

1. 建设服务型制造公共服务平台

以制造业与服务业协同发展为目标，整合汇集研发设计、系统集成、监测认证、专业外包、市场开拓等服务资源，连接政产学研用各方力量，健全服务型制造公共服务体系。开展相关领域服务型制造相关标准和关键共性技术联合攻关，加大对研发设计成果、技术创新成果等知识产权的保护力度，完善小微企业公共服务平台网络，鼓励小微企业运用科技、信息、人才等资源，开展个性化特色服务。

2. 提高信息技术在服务型制造中的应用深度

提升信息通信基础设施服务水平，统筹推动高速宽带网络、智能传感器网络、移动通信网络建设，搭建智能制造和智能服务基础架构。结合网络强国战略实施，充分利用“互联网+”行动计划的实施，推动信息通信和互联网技术广泛应用于制造和服务的协同发展，全面支撑业务流程再造和商业模式创新。引导制造企业、研究机构、社会资本组建智能服务的技术创新社区和产业创新联盟。推动行业中介组织建立面向不同行业、不同环节的工业大数据资源聚合和分析应用。

3. 提高服务型制造人才素质能力

将培养从业人员的专业知识与实践经验作为人才培养的重点方向，全面提升人才素质能力，着力构建“经营管理人才+专业技术人才+技能人才”的服务型制造人才体系。整合各类专业培训资源，构建理论实践相统一，服务和制造相协同、线上线下相结合的服务型制造培训体系。建立产学研联合实训基地，邀请国内外专家学者和从业人员对企业进行针对性培训，加强商业模式创新的技术性、商业性指导。搭建企业内和企业间人员交流和共享知识的渠道，鼓励从业人员重视知识经验和信息共享。支持企业以重点项目为依托，组织人才与国内外科研院所和大型企业联合开展技术攻关和服务创新，提升人才的专业能力与经验水平。广泛开展国际人才合作和人才交流，积极吸引国际高端人才投身我国服务型制造的发展。

发展服务型制造已经成为全球制造业发展不可阻挡的趋势，我们要充分认识其战略意义和现实意义，广泛借鉴先发国家及成功企业的先进经验，大力推进服务型制造，推动产业迈向价值链中高端，加快转变发展方式、培育发展新动力，全面实现制造强国的战略目标。

2

服务型制造是产业转型升级的重要方向

汪应洛[1]　李　刚[2]

1　西安交通大学教授，中国工程院院士；

2　西安交通大学教授。

一、发展服务型制造的背景

制造业的重要性

制造业（Manufacturing Industry）是指对采掘的自然物质资源或农业生产的原材料进行加工和再加工，为其他经济部门提供生产资料，为社会提供日用消费品的生产制造部门。1971 年，联合国和西方各国为统一世界各国产业分类，颁布了《全部经济活动的国际标准产业分类索引》。它将“全部经济活动”分为 10 个大项，在每个大项中再分若干个中项，每个中项又分若干个小项，每个小项又分若干个细项。在 10 个大项中，制造业属于第三项，主要包括食品制造与加工业、饮料制造业、烟草加工业、纺织业、服装皮革皮毛制造业、木材加工业、家具制造业、造纸制品业、石油加工及炼焦业、化学原料及制品业、医药制造业、化学纤维制造业、塑料/橡胶制造业、非金属制品业、黑色金属冶炼及压延加工业、有色金属冶炼及压延加工业、金属制品业、普通机械制造业、专用设备制造业、交通运输设备制造业、电器机械及器材制造业、电子及通信设备制造业、仪器仪表及文化办公用品机械制造业等。按三次产业分类法，制造业属于工业，归入第二产业，是制造和加工产品工业企业的集合。

物质财富是人类社会生存和发展的基础，制造是人类创造物质财富最基本、最重要的手段。在经济一体化和信息化的今天，全球制造业正经历着一场深刻的技术变革和角逐，在传统制造模式基础上发展起来的现代制造业仍然是支撑各国综合国力的基础产业。自20世纪80年代以来，随着美国国际竞争力下降，美国各界开始意识到那种认为信息革命的来临意味着制造业衰退的看法是不全面的。1995年，美国开展了“下一代制造”项目，目标就是通过该项目提出应该采取什么行动才能够使美国制造业在新的竞争环境中保持领先地位，为21世纪的美国制造业勾画蓝图。1997年，该项目公布的研究报告认为经济活动的全球化是推动制造业为了变革的动力，明确制造企业在新的竞争环境下获得成功必须具备的属性，并探讨了制造企业克服进退维谷困境和达到所需属性的措施和方法。1999年12月12日美国全球制造业协会发表了一份关于美国制造业现状的报告，报告显示制造业是对20世纪90年代美国经济增长贡献最大的部门。日本始终没有放松制造业的发展，早在20世纪50年代为了引进外国先进技术，鼓励外国投资，制定了《外资法》。此外，日本还制定了多部工业振兴法。20世纪七八十年代，当美国把制造业视为“夕阳工业”、热衷于把科技发展的重点置于高技术和军用技术时，日本就悄悄把主要精力投入到先进制造技术的开发和应用上，从而在国际竞争中后来居上，动摇了美国的技术领先地位。日本首相的咨询机构“制造技术恳谈会”向政府提交的报告强调，制造业是日本的生命线，没有制造业就没有信息产业和软件产业。

2008年金融危机以来，美国大力推行的“再工业化”和“制造业回归”的国策，本质上是检讨美国产业的空心化，以及争夺新一轮全球产业革命，特别是高端制造业的竞争制高点。美国政府于2009年12月公布《重振美国制造业框架》，2011年6月和2012年2月相继启动《先进制造业伙伴计划》和《先进制造业国家战略计划》，2013年发布《制造业创新中心网络发展规划》，推动所谓的“制造业回归”，美国再工业化的本质是产业升级，高端制造是其战略核心。2008年以来的金融危机使过度依赖虚拟经济的英国受到巨大冲击，英国政府意识到只有同时抓好实体经济才能稳定经济发展，于是“重振制造业”被提上日程。2008年以来，英国政府多次出台制造业发展战略和倾向性政策，推出“高价值制造”战略，成立战略投资基金，以实际行动扶植制造业，鼓励英国企业在本土生产更多世界级的高附加值产品，以加大制造业在促进英国经济增长中的作用。2014 年日本政府发布的《制造业白皮书》表示要实施“产业振兴”战略，将大力调整制造业结构，将机器人、下一代清洁能源汽车、再生医疗，以及 3D 打印技术作为今后制造业发展的重点领域。从发到国家的再工业化，可以明显地看出，即使在服务经济非常发达的国家，制造业的地位仍将是一个国家实现稳定发展、实现国富民强的坚定基石。

在中国这样一个工业化过程尚未完成的发展中大国里，制造业更是社会物质财富的主要来源。从近 15 年来看，中国 GDP 平均增长率为 9.74%，远高于世界主要经济体的 GDP 平均增长率。制造业为中国经济的快速发展做出了巨大贡献。2004 年，制造业的从业人数达 8500 万人，占工业从业人数的 69.7%。2005 年，我国制造业直接创造国民生产总值的 37.6%，占整个工业增加值的 81.6%，为国家提供 1/3 以上的财政收入，制造业已成为我国最大产业。2005 年全国制造业的纳税为 12 786.8 亿元，占全国工业税收的 75.6%，占全国总税收的 41.4%[2]。

制造业是国家的战略性产业，它的高度发达是实现工业化的必备条件，是衡量国家国际竞争力的重要标志，在经济全球化进程中也是决定一个国家在国际分工地位的关键因素。制造业是国民经济的主体，是立国之本、兴国之器、强国之基。18 世纪中叶开启工业文明以来，世界强国的兴衰史和中华民族的奋斗史一再证明，没有强大的制造业，就没有国家和民族的强盛。打造具有国际竞争力的制造业，是我国提升综合国力、保障国家安全、建设世界强国的必由之路。

新中国成立尤其是改革开放以来，我国制造业持续快速发展，建成了门类齐全、独立完整的产业体系，有力推动工业化和现代化进程，显著增强综合国力，支撑我世界大国地位。然而，与世界先进水平相比，我国制造业仍然大而不强，在自主创新能力、资源利用效率、产业结构水平、信息化程度、质量效益等方面差距明显，转型升级和跨越发展的任务紧迫而艰巨。

国家“十二五”规划明确提出，要实现经济发展方式的转变，坚持把经

[2] 数据来源：根据国家统计局网站相关数据整理。

济结构战略性调整作为加快转变经济发展方式的主攻方向。要改造提升制造业，发展先进制造业，促进制造业由大变强。要提升制造业核心竞争力，发展战略性新兴产业，加快发展服务业，促进经济增长向依靠第一、第二、第三产业协同带动转变。要坚持把建设资源节约型、环境友好型社会作为加快转变经济发展方式的重要着力点。

资源与环境以及劳动力供给的压力

长期以来，我国制造业面临着企业竞争力低下、制造资源分散、自主创新能力薄弱、资源消耗大，污染严重、产品附加值低等问题，严重制约了制造业的整体发展。这种增长方式与我国能源、淡水、土地、矿产等资源不足的矛盾日益突出。从 1990 年到 2001 年，中国石油消费量增长 100%，天然气增长 92%，钢增长 143%，铜增长 189%，铝增长 380%，锌增长 311%，10 种有色金属增长 276%。但是，我国的土地、耕地、森林等均排在 100 位以后，淡水资源量排在 55 位以后，45 种矿产资源潜在价值在 80 位以后。矿产资源保障的前景更加不容乐观。我国的石油、天然气、铜和铝等重要矿产资源的人均储量仅分别相当于世界人均水平的 8.3%、4.1%、25.5%和 9.7%。中国人口占世界 21%，但石油储量仅占世界 1.8%，天然气占 0.7%，铁矿石不足 9%，铜矿不足 5%，铝土矿不足 2%。到今天，我们已经不可能依靠国内资源来支撑发展。2014 年我国能源消耗 42.6 亿吨标准煤，其中 70%左右用于工业的消耗。我国原油的对外依存度超过 59%，铁矿达到 78.5%，铜矿达到 75%，铝、镍、天然橡胶等重要资源对外依存度超过 50%。我国的能源消耗占全球能源消耗的比重超过了 21%，却只创造了占世界 11.6%的 GDP。我国每万元 GDP 能耗是世界平均水平的 3.4 倍，是美国的 2.3 倍，是欧盟的 4.5 倍，是日本的 8 倍[3]。

[3] 数据来源：根据相关统计数据整理。

过去 30 年中国制造业快速发展所依赖的劳动力优势，也将不再持续，劳动力供给减少，劳动成本快速上升。随着人们经济生活水平的提升，以及生育观念的变化，中国的新出生人口逐年减少。我国出生人口从 20 世纪 90 年代开始出现趋势性下降，从每年 2000 多万人下降到 2003 年的 1600 万人以下。出生人口的减少，使得制造业可供给的劳动力逐渐减少，依靠“人口红利”获得快速增长的制造业，逐渐失去劳动力成本优势。劳动年龄人口日趋减少，不同年龄劳动力供给分化趋势加剧。预计在 2020 年后，中国人口进入加速和重度老龄化发展阶段，到 2050 年，老年人口总量将超过 4 亿，高龄老人达到 9500 万。高龄老人占老年人比例将从目前的 1/8 增长到 2050 年的 1/4 左右。2051—2100 年，老年人口比例维持在 30%以上，总量达到 3 ~ 4 亿。劳动力年龄结构分化加剧将在劳动力市场引发更多结构性矛盾。长期来看，中国劳动力在目前的政策下不可避免的会出现持续下降的态势，中国制造业长期以来作为竞争优势的低劳动力成本，将不可能再持续下去。2010 年以来的民工荒、劳动力成本持续上升等都会在未来很长一段时间内对制造业的发展形成严峻挑战。应对劳动力下降和劳动成本上升，中国制造业必须寻找一条提高内部生产效率，提高人均产出能力和获利能力的新型发展道路。

客户需求的变化

最近 30 年来，随着全球经济的快速发展，生活水平的提升，以及全球化所带来的社会文化、价值观的多样化，客户需求较以往发生了巨大的变化。消费者对个性化、差异化的产品与服务的需求日渐强烈，对产品及服务生产过程的绿色化、低碳化越来越重视。

（1）消费者越来越倾向于符合其独到的个性化需要的产品与服务。顾客不再仅满足于购买产品，更多地希望通过直接获得依托于产品的应用，为其所带来的效用。顾客更为关注产品全生命周期为自己所带来的价值，以及所耗费的成本。产品全生命周期之中的各类服务，如金融、培训、维护、升级、回收等为客户创造的价值越来越大。

（2）随着产品性能差异和功能差异的缩小，情感性诉求在消费者价值构成中的位置凸显。如何通过产品与服务的组合，满足顾客的功能性需求与情感性需求，成为赢得顾客的重要因素。

（3）同时，随着环境污染问题的严重，顾客环保意识崛起。如何能够耗费更少的能源和物质资源，生产出环境友好的产品及服务；如何能够在产品的全生命周期，降低对环境的污染和资源的消耗；如何能够塑造绿色的品牌形象，这些都是顾客在选择产品时更加关注的问题。

国际产业变迁的新挑战

2008 年以来的国际金融危机之后，发达国家开始重新认识到制造业的价值，采取措施推动制造业的回归与复兴。由此，发达国家纷纷提出“再工业化战略”，试图实现从“产业空心化”到“再工业化”的回归。在这个过程中，德国突出了以智能制造为核心的“工业 4.0”战略，美国推出了“产业互联网”战略，通过工业化与信息化融合，强化制造业的科技含量，降低制造业对能源和资源消耗，实施高效绿色生产，来引领全球制造业的新发展。这是一个建立在持续创新基础上新的制造业格局与形态再造的过程，特别值得中国认真关注。

当前，中国制造业面临着“双重挤压”。从内部因素看，中国经济已由较长时期的高速增长，进入中高速增长阶段，低端产业已逐步失去竞争力，粗放型的经济发展方式已不可持续。从外部因素看，欧美发达国家推行“再工业化”战略，谋求在技术、产业方面继续保持领先优势，进一步拉开与中国距离。与此同时，印度、越南等发展中国家以更低的劳动成本，承接劳动密集型产业转移，抢占制造业低端市场。在这样的内外部压力下，中国制造业必须寻找新的产业发展方式，通过商业模式创新和生产方式创新，走出一条以内生效率提升为主线的新兴发展之路，实现产业升级。

产业发展方式亟待升级

目前，我国制造业的发展取得了很大成就，已初步形成门类齐全、配套完整的制造业生产体系。但是，我国制造业在发展过程中存在以下几个方面的不足：

（1）产业结构不合理。从生产角度来看，中国制造业产业结构的不合理表现为低水平下的结构性、地区性生产过剩，又表现为企业生产的高消耗、高成本。

（2）产品附加价值不高。一直以来，中国企业大都采用贴牌生产方式，处于全球价值链的中低端，产品设计、关键零部件和工艺装备主要依赖进口。由于附加值低，中国产品获利甚微。

（3）制造业缺乏发达的产业分工、工艺分工体系。改革开放以来，我国制造业快速发展，有相当多的行业，通过细化和深化产业分工，融入全球产业链，使得也产业竞争力得到了显著的提高。但是，总体来看，在工业分工中，我国的制造业普遍集中在产业链的低端，尤其是原材料加工、零部件组装等低利润环节。在研发、设计、创意，以及物流、营销、销售、服务等高价值环节的领先企业较少。在国际产业分工已经深化和细化到产品工艺级别的分工格局下，我国制造业要从积极参与劳动密集型生产的低端生产环节向价值链高端的上游和下游升级。

（4）制造业技术创新能力十分薄弱。我国制造业大而不强，处于全球产业链的低端，技术创新能力不足，以企业为主体的制造业创新体系不完善，缺少技术支撑，产品缺乏核心竞争力，制造业还远远落后于世界先进水平。我国制造业没有摆脱技术引进型模仿创新的模式，研发能力较差，技术创新能力也十分薄弱，有自主知识产权的产品少，真正体现行业竞争力的高精尖加工工艺和重大技术装备依附于国外企业的先进技术。我国 100%的光纤制造装备、80%以上的集成电路制造装备和石油化工装备、70%的数控机床产品都依靠进口。制造业企业是资本技术密集型企业，但多数大型企业没有建立起较强的技术中心，与制造业的战略地位极不相称。以上问题导致我国制造业的增长模式不容乐观，与发达工业化强国差距明显。真正体现行业竞争力的高精尖加工工艺和重大技术装备仍然比较薄弱。体现综合科技创新能力和制造实力的重大技术装备产品与发达工业化国家存在较大差距。许多关键设备不能制造，特别是高新技术装备、微细加工设备几乎全部依靠进口，装备中技术含量高的相关配套产品也大量依靠国外供给，这已成为我国装备工业转型升级的主要“瓶颈”。

工业化和信息化融合促进制造业和服务业融合发展

自 20 世纪下半叶以来，全球范围内服务业迅速发展，各国经济的服务增加值占国民生产总值的比例日益扩大。全球服务产业产出在整个经济中的比重已经从 1980 年的 56%上升到 1998 年的 61%，1998 年 4 个高收入国家的服务产业产出在整个经济中的比重为 68%，2002 年美国的服务产业产出在整个经济中的比重高达 75.3%。当前，全球服务业增加值占国内生产总值比重达到 60%以上，主要发达国家的这一比重达到 70%以上；发展中国家的这一比重要小得多，但也都超过了 50%以上；即使是中低收入国家的这一比重也达到了 43%的平均水平；在服务业吸收劳动力就业方面，西方发达国家服务业就业比重普遍达到70%左右，美国、英国等少数发达国家达到80%以上。在全球范围内服务经济活动正在成为越来越多国家社会财富的主要创造者，成为引领和推动全球经济发展的主要动力[4]。

国际经验表明，发达的服务业是一个国家和地区现代化的集中表现，属于典型知识密集型产业的生产性服务成为发达国家服务业中发展最快的部分和外国投资的重点，扮演着越来越重要的角色，产生了极强的集聚和辐射效应，极大地提升了城市的综合服务功能，增强了城市在区域乃至全球的综合竞争力，从而加速推动城市现代化、国际化进程。以OECD国家为例，外国直接投资（Foreign Direct Investment，FDI）中服务业投资的总额明显高于制造业投资的总额，且主要集中在金融服务、商务服务、信息服务等生产性服务业领域。

而在美国，以知识为基础的生产性服务行业正蓬勃发展，一些技术性咨询公司发展迅猛，仅1995年，该行业就带来120亿美元的贸易盈余。在2000年美国经济创造的260万个就业机会中，知识密集型的服务行业就占了240万个，约占92%。随着信息技术的发展，企业信息服务的外包趋势日益加强，这成为生产性服务发展的一个重要方面。在20世纪80年代之后，企业管理咨询成为生产性服务中发展迅速的又一部门。1997年，美国年收入在8 000 万美元以上的公司外部采购服务增加了26%，信息技术服务的外部采购占全部外采购费用的30%，人力资源服务占16%，市场和销售服务占14%，金融服务占11%。同时，包括人力资源、后勤、采购、工程、营销和销售功能的业务流程外包服务在2006年的收入达到近1.2万亿美元，而在2002年的收入是7 120亿美元。

在服务经济时代，制造业和服务业的产业边界逐渐模糊，呈现出产业融合发展的态势。一方面，服务业通过为制造业提供金融、法律、会计、广告、研发、仓储、销售等生产性服务，制造产业内部的结构优化重组，产业价值网络的优化，促进了制造业发展模式的创新。另一方面，制造业的快速发展，

[4] 韩子荣，夏杰长. 体制创新是服务业快速有序发展的重要条件，中国工商管理研究，2008 年第4期，29-31.

也为生产性服务业的发展提供了广阔的市场需求。各个行业间的不断出现的相互融合，使得产业间的界限变得越来越模糊。新兴业态、新兴行业不断出现且规模日益扩大。产业融合作为一种内生于服务经济的革命性产业创新方式，是制造经济向服务经济转型的巨大推动力。

当前，信息技术的迅猛发展正在从全球范围内对经济和社会发展的产生深刻影响。随着新一代信息技术的快速发展，各个国家都出出台了以信息化促进工业化发展，促进产业竞争力提升的战略，抢占未来经济及社会发展的先机。德国"工业 4.0"、美国"工业互联网"、英国发布的"工业 2050 战略"，以及日本提出的"工业 4.1J"战略升级计划，无一不是关注信息化和工业化的深度融合。工业化和信息化的融合发展已经成为推动产业变革与产业升级的重要力量，其主导思想都是通过充分利用信息通信技术、网络空间虚拟系统与现实物理系统相结合，重新定义工业产品、生产过程，改变价值创造过程及主体交互过程，重塑商业及创新模式，带来新一轮产业革命。

中共十六大提出"以信息化带动工业化，以工业化促进信息化"；十七大首次提出了"信息化与工业化融合发展"，以及"信息化与工业化、城镇化、市场化、国际化并举"；十八大又进一步强调"推动信息化和工业化深度融合"与"工业化、信息化、城镇化、农业现代化同步发展"。2015 年发布的《中国制造 2025》的主线，也是加快新一代信息技术与制造业融合，大力发展智能制造、服务型制造和生产性服务，推进中国制造由大变强。技术环境不断成熟，政策环境日臻完善，"两化"融合的产业体系不断成熟，为我国制造业的创新发展提供了新的契机。

中国制造 2025

为了打造具有国际竞争力的制造业，提升综合国力、保障国家安全、建设世界强国，中国政府于2015年5月8日发布了《中国制造2025》，作为实施制造强国战略第一个十年的行动纲领。《中国制造 2025》提出，中国制造业的发展，“坚持走中国特色新型工业化道路，以促进制造业创新发展为主题，以提质增效为中心，以加快新一代信息技术与制造业深度融合为主线，以推进智能制造为主攻方向，以满足经济社会发展和国防建设对重大技术装备的需求为目标，强化工业基础能力，提高综合集成水平，完善多层次多类型人才培养体系，促进产业转型升级，培育有中国特色的制造文化，实现制造业由大变强的历史跨越。”

《中国制造 2025》明确提出了制造业发展的目标：通过三个十年的“三步走”战略中的第一步，在 2025 年，开始迈入制造强国行列，制造业整体素质大幅提升，创新能力显著增强，全员劳动生产率明显提高，两化（工业化和信息化）融合迈上新台阶。为了实现 2025 年的目标，加快制造业转型升级，全面提高发展质量和核心竞争力，确立了制造业发展的九大任务和重点。

（1）提高国家制造业创新能力。

（2）推进信息化与工业化深度融合。

（3）强化工业基础能力。

（4）加强质量品牌建设。

（5）全面推行绿色制造。

（6）大力推动重点领域突破发展。

（7）深入推进制造业结构调整。

（8）积极发展服务型制造和生产性服务业。

（9）提高制造业国际化发展水平。

《中国制造 2025》旨在通过制造业的技术创新、商业模式创新，生产组织方式创新，以及制度体系创新，以工业化与信息化的深度融合为主线，驱动中国制造在生产模式上向“智能制造”演变，在商业模式上向服务型制造演变，在资源与能源消耗上向绿色制造、环境优化转变。这个过程的核心是通过创新驱动，提升制造业的内生效率，优化制造业和服务业的关系，加快制造与服务的协同发展，推动商业模式创新和业态创新，促进生产型制造向服务型制造转变，最终在生产组织方式上运用全球资源实现智能制造，在产品模式上实现智能产品服务系统，在商业模式上实现服务型制造。从而推动中国制造业产业结构调整与优化，降低对能源与资源的消耗，降低环境污染（实现绿色制造），实现制造业发展模式创新与升级。整体来看，在制造业内部，智能制造实现了生产方式的智能化，通过智能制造，为客户提供了智能化的产品；在传统制造业外部，通过制造业和服务业的融合发展，依托工业化与信息化的深度融合，将智能产品与生产性服务，整合为智能产品服务系统，满足客户的个性化需求。在产业组织上，则表现为制造业和服务业通过实施服务型制造模式，实现商业模式和生产方式的创新，实现两个产业的协同发展，带动产业升级与产业结构的优化。

二、服务型制造的内涵与特征

服务型制造的概念界定[5]

2006 年底，国内学者独立提出了服务型制造的概念，服务型制造是制造与服务相融合的新产业形态，是新的商业模式和生产模式。将服务和制造相融合，制造企业通过相互提供工艺流程级的制造过程服务，合作完成产品的制造；生产性服务企业通过为制造企业和顾客提供覆盖产品全生命周期的业务流程级服务；共同为顾客提供产品服务系统[6,7,8]。这种更深入的制造与服

[5] 孙林岩，服务型制造——理论与实践，北京：清华大学出版社，2007.

[6] Drucker , P. E. The Future of Manufacturing [J]. Interview for Industry, 1998, 21 September: 9-16.

[7] 孙林岩，高杰，朱春燕，李刚. 服务型制造：新型的产品模式和制造范式[J]. 中国机械工程, 2008, 19(21): 2600-2604.

[8] Drucker , P. E. The Emerging Theory of Manufacturing [J] . Harvard Business Review , 1990 , (5-6) : 105 -120.

务的融合模式，被称为“服务型制造”[9,10]。它是基于制造的服务，为了服务的制造。

服务型制造是服务与制造相融合的先进制造模式，是传统制造产品向“产品服务系统”和“整体解决方案”的转变。在服务型制造系统中，制造企业和服务企业以产品的制造和服务的提供为依托，向客户提供覆盖从需求调研、技术开发、产品设计、工程、制造、交付、售后服务、产品回收及再制造等产品服务系统全生命周期的价值增值活动；制造网络中的合作企业基于工艺流程级的分工，相互提供面向服务的制造活动，以实现低成本、高效率的产品制造，为顾客提供基于制造的服务。服务型制造模式希望通过生产性服务、制造服务和顾客参与的高效协作，融合技术驱动型创新和用户需求驱动型创新，实现分散化服务制造资源的整合和价值链各环节的增值。

我们可以从概念、形式、组织形态和属性四个层次加深对服务型制造概念的理解，如图 1 所示。

（1）从概念角度，服务型制造是制造与服务在新的世界经济条件下历史性融合的产物，是基于制造的服务和面向服务的制造，是基于生产的产品经济和基于消费的服务经济的融合。

（2）从表现形式，服务型制造包括制造企业面向中间企业的服务（B2B）（如外包、一揽子解决方案）和面向最终消费者的服务（B2C）（个性化定制、客户全程参与设计等）。

（3）从组织形态，表现为制造企业与服务企业的交叉融合和互相渗透，制造企业向服务领域拓展（DELL 的直销模式，IBM 的方案解决）和服务企业向制造领域的渗透（沃尔玛对制造企业的控制等）。

（4）从属性来讲，服务型制造具有整合、增值、创新三大属性：整合来源于企业间的相互服务、互相外包，制造网络节点企业内部资源向核心竞争

---

[9] 孙林岩，李刚，江志斌，郑力，何哲. 服务型制造模式[J]，中国机械工程，2007,Vol.18(19):2307-2312

[10] 何哲，孙林岩，贺竹磬，李刚. 服务型制造的兴起及其与传统供应链体系的差异. 软科学[J].2008,(4):77-81.

优势转移，企业间的联系更加紧密和共享资源，使得资源在网络间优化动态分配；增值来源于服务型制造中的服务属性，企业由以前的关注产品功能生产，到关注顾客需求服务，通过服务增值活动，使得依附于产品上的价值大大增加，单位产品价格提高，增加企业获取利润的能力；创新来源于对于知识资源的整合和对消费需求信号的采集和处理，通过整合服务制造网络间的分布式知识资源，以及在变化条件下的需求和研发信息的交互冲击，不断产生适应新经济条件的知识信息，相应的整体网络的创新能力也大大提高。

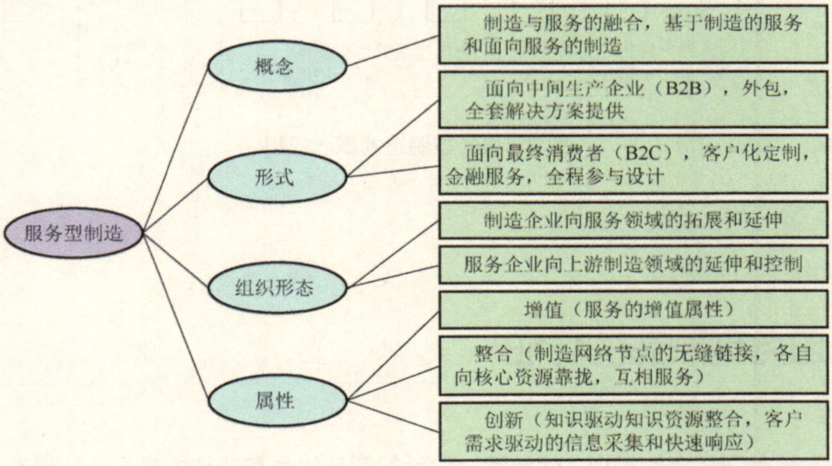

图 1　服务型制造的内涵

服务型制造的概念模型如图 2 所示。生产性服务、制造服务，以及顾客的全程参与构成服务型制造的三个基石，三者协同创造企业价值和顾客价值。服务型制造模式使得价值链的各个环节都成为价值的增值环节，也使得传统的制造环节处于“微笑曲线”底端的模式得以改变，使得整个价值链成为价值增值的聚合体。

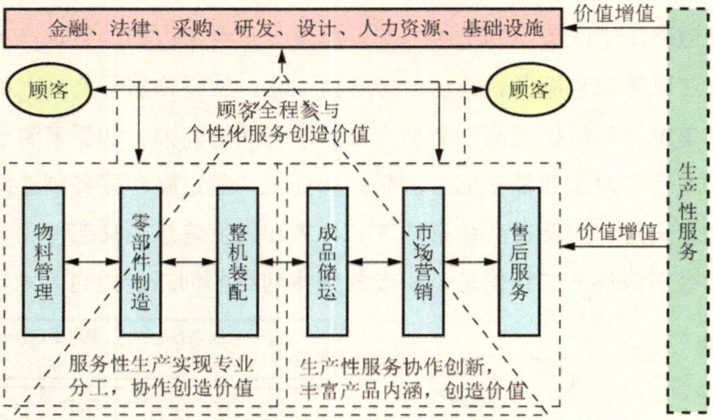

图 2　服务型制造的概念模型

服务型制造的特征

服务型制造的出现，标志着一种新的制造体系和架构的产生。从理论上分析，服务型制造具有一些明显的新特性，这种特性表现在以下四个方面：

（1）企业生产聚集效应的外部性产生的范围经济。

（2）由追求利润最大化到满足顾客价值为标志的企业行为模式的转变。

（3）由信息技术驱动正在产生的移动商务和普适服务环境。

（4）通过产品和服务的集成，形成产品服务系统，最大限度地满足顾客的价值诉求。

范围经济是指当同时生产两种产品的费用低于分别生产每种产品时所存在的生产状况。范围经济的出现是由于生产过程中产生的外部性所导致的。这种外部性可以表现为信息成本的降低、技术的共享及物流成本的减少等多种作用。服务型制造集中体现了范围经济的特点，这种范围表现在两个层面：

一是狭义的地理空间的产业积聚，二是广义的沿产业链分布的广域空间的产业整合。

由利润最大化向实现客户价值转变使服务型制造得以在企业实施，通过服务型制造企业由传统的对短期利润的追求变成了有组织有计划地对长期服务占有的追求。这种转变从外部来讲，推动了企业市场行为的转变，包括种种为追求短期利润的不正当竞争或败德行为逐渐转变为对稳定的市场服务需求的控制和掌握。从内部来讲，服务型制造的模式也进一步推动了企业内部功能和架构的转变。这种转变将逐渐形成企业内部的自身演化和完善，最终促使整个企业群落的进一步自我演化。从理论上来讲，企业导向的转变，产生了众多管理上的问题和困难。如服务导向如何界定和定量；服务导向如何制定和实施；原有的利润导向的企业架构和功能如何进行转变；产品服务系统如何转型；客户服务价值如何界定和固化；企业之间的关系如何界定和维护；企业文化的转变如何驱动和控制。这些问题都值得进行深入的探讨。

从生产组织方式上，支撑服务型制造的一种典型生产模式是形成了局部性的产业高度聚集。如广东等地，往往一个城市就占据了世界某种产品一半以上的产量（如东莞的电子、佛山的陶瓷）。这种狭小地域的产业聚集的形成具有很复杂的文化和历史的因素，以及发展过程中的路径依赖问题。但这种聚集的结果是极大地降低了生产过程中的交易成本，激励了创新。同时，也极大地提高了产品的柔性化和物流等费用，成为一种高效率的生产组织模式。这种模式有效地支撑了服务型制造在创新、生产及市场等多个环节的发展。

服务型制造最终的模式是形成沿产业链广域分布式的产业整合模式。通过服务链的延伸进一步的构建紧耦合状态的产业链，形成异时异地的产业整合模式，实现服务流、信息流、物流、资金流、知识流的多源整合模式。通过在更大层面上的聚集，实现更大程度上的范围经济。

服务业与制造业的融合改变了制造业的产业形态和制造模式，这种变化可以概括为以下两种形式。

（1）有形产品附加了更多的服务或者发生了服务化。在满足顾客需求方面，企业不再通过一次性交易的方式销售实物产品，而更倾向于采用服务型交易，以“产品+服务”的方式为顾客提供整套的、全生命周期的解决方案。

（2）在提供产品服务系统的过程中，企业间分工更为深化，通过相互提供生产性服务实现高效生产和快速创新。

在产品服务系统模式中，企业竞争优势的重点从传统的实物产品向相关附加服务转变。企业放眼客户的需求链和未来趋势，重建市场边界，超越现有需求，围绕产品开拓服务业务，提供集产品与服务为一体的全面解决方案，实现业务的战略性增长。因此，附加服务代表了战略性新业务开发。无形性、生产与消费的不可分割性、无法存储、交易过程中没有产权交换是服务区别于实物产品的重要特征。伴随着服务在产品服务系统中比重的增加，交易模式也从完全产权的转移向无产权转移转变，即产品的服务化（Servitization）。企业用当前的产品以新的业务模式满足已经存在市场的需求，实现销售的突破性增长。因此，服务化代表了突破性增长业务。突破性增长业务和战略性新业务开发是企业的两类基本业务增长类型。附加于产品的服务提高了产品的可靠性和其寿命周期内的生产效率，产品的服务化则增加了产品的使用频率，提高了产品对客户的可获得性及其在技术过时之前的总产出。因此产品服务系统有利于提高资源的利用率、节约资源、保护环境。

为客户提供功能全面、质量可靠、价格合理的产品服务系统，对生产模式带来了新的挑战。几乎没有企业能独立完成某种产品服务系统的全部生产流程，而是由众多企业聚集形成服务制造网络，分工协作、优势互补，相互提供零部件和生产性服务，实现能力提升和快速应变。在服务制造网络中，包括供应商、服务商、制造商、分销商、客户在内的各成员之间超越了传统的买卖关系，在新产品开发、生产计划制订、质量保证、设备管理、库存管理、基础设施建设、售后服务、全生命周期的产品管理等领域的协同与合作更加紧密，以实现创新性、个性化、低成本、高质量产品服务系统的准时交付。服务制造网络上的典型协作关系包括原始设备制造商（OEM）、原始设计制造商（ODM）、电子制造服务（EMS）、业务流程外包（BPO）、离岸外包、信息系统外包（ITO）、业务转型外包（BTO）、协同设计、供应商库存管理（VMI）、远程维护等都体现了生产服务网络上的新型合作关系。

在制造企业实施服务拓展、服务化升级的过程中，互联网、物联网等新一代信息技术，在其中扮演了重要的角色。通过深化信息化与工业化的融合，推动和加速了制造业和服务业的融合发展。一方面，随着信息技术的发展，服务产品也可以储存和标准化，促成了服务在地域和时间上的分离，使服务的可视化、规模化、制造化成为可能，大大拓展了服务提供的范围及可交易性。另一方面，信息技术的广泛应用，促进了制造业生产经营活动的可视化、智能化，价值创造过程呈现出信息密集、知识密集的特征，带动了制造产业的升级，也使得制造企业具备了直接接触遍布全球角落的客户，服务于每一个客户的个性化需求的能力。

服务型制造的典型案例

1. 国际商用机器公司（IBM）

IBM 在 1911 年诞生之时是一个典型的制造企业，以生产穿孔卡片设备起家。在此后的近百年时间里，IBM 的产品线逐步扩展到计算机、服务器、硬盘，以及集成电路制造等多个领域，并在 20 世纪中后期成为全球最大的电子信息产品制造企业。然而，20 世纪 90 年代初不乏 IT 界技术精英的 IBM，几乎濒临破产；在 1992 年亏损高达 49.7 亿美元，成为美国当时亏损额度最大的公司。美国 BJR 饼干公司的 CEO 郭士纳，突破了 IT 精英们的技术驱动思维，停止崇拜单纯的技术，并开始注意技术对客户的真正价值，顺应客户们的需求；通过出售、并购、重组等一系列手段将 IBM 的产业重点从硬件制造转向软件和服务：2002 年后 IBM 先后将硬盘生产业务出售给日立公司，将 PC 生产业务出售给 LV 公司，将打印机生产业务出售给理光，将复印机业务出售给柯达。

与此同时，IBM 不断并购重组服务、咨询、软件等业务部门，先后收购了普华永道咨询公司、Rational 软件、莲花公司、马士基数据等，不断加强其在战略咨询、中间件、数据库、网络管理等领域的实力。通过整合内外部资源，提出“四海一家的解决之道”，为客户提供硬件、软件、服务三位一体的解决方案，标志着 IBM 向提供解决方案转型。IBM 已成功转型为“为客户解决问题”的信息技术服务公司。2004 年，在“与 IT 相关的咨询服务”排名中，IBM 全球服务部以 330 亿美元雄踞榜首，EDS 和埃森哲等老牌咨询公司只能望其项背。当前，IBM 服务业务收入占总收入的比重由 1992 年的 23%上升到 2005 年的 52%，而硬件制造比重下降到了 27%。

2. 美国通用电气公司（GE）

美国通用电气公司是美国、也是世界上最大的电器和电子设备制造公司；是老摩根在 1892 年出资把爱迪生通用电气公司、汤姆逊-豪斯登国际电气公司等三家公司合并组成的。通用电气以生产和销售白炽灯起家，在其 100 多年的发展历程中，产品逐渐扩展到电器和电子产品制造多个领域，从生产消费电器、工业电器设备到制造宇宙航空仪表、喷气式飞机引航导航系统、多弹头弹道导弹系统、雷达和宇宙飞行系统等。到 1976 年，通用电气在全球 24 个国家共拥有 113 家制造厂，其 85%的业务集中于制造业。

尽管在 20 世纪 80 年代初通用电气公司的制造业仍然表现良好，有很高的利润，但市场上已经出现先兆，在世界上无论是哪个国家，不仅硬件生产能力越来越得到加强，而且提高硬件生产能力很容易。但是硬件生产的成功并不等于企业的成功，当大多数企业的产品质量相差无几时，这时产生的竞争就会体现在服务上，服务的好坏在不同的企业会有差异，用户将越来越重视服务和服务质量。20 世纪 90 年代初期，通过对公司所有业务的长处和短处进行了仔细且深入的研究，韦尔奇提出了著名的“第一/二位”法则。他预言，美国企业界在 20 世纪 80 年代的主要敌人是通货膨胀，它将导致全球性的增长迟滞。这将意味着，在竞争行列位置居中的产品销售商和服务商将没有存在的余地，必须发现并参与真正能产生增长的工业门类，并在每一种所参与的行业争做第一名或第二名，才能在这种增长缓慢的环境中获胜。他认为，每家子公司都是通用电气大家庭的“孩子”，通用电气大家庭内部的新标准将是工作成效。一个“儿子”如果经营失败，没有达到第一名或第二名，公司就会抛弃它。这样做的结果将导致公司成千上万的雇员失业，但韦尔奇认定，这个大规模的手术对公司是有益处的——公司的重组与改革也由此拉开序幕——除了重组、关闭和出售那些在全球市场上没能占据第一或第二位置的经营单位，通用电气还抽调 100 亿美元并耗资 190 亿美元用于收购其他公司以巩固其已具世界水平的公司。在“第一 / 二位”法则的理念下，使通用电气成为了美国最具竞争力的公司之一。但是，1990—1994 年，公司的总营业收入增长率仅为 5%左右。尽管公司在 1995 年收入递增率为 17%，利润增加了 11%，达到 66 亿美元，然而多数人认为这是昙花一现，不会再发生。

韦尔奇仍加快了改革的步伐，并将目标设定为使通用电气的产值增长率稳定在两位数，以及将通用电气建成为世界上的超霸公司。为了实现这种如此惊人的增幅，韦尔奇从两个方面展开了攻势：第一，继续贯彻 20 世纪 90 年代初由通用电气发起的并产生了巨额回报的全球市场战略（跨国业务收入在 1995 年飙升 34%，达到 270 亿美元）；第二，在 1996 年初，发起了旨在改善质量的多年计划，希望通用电气的所有业务都完美无缺；还有一项令人惊奇的举动是，推进这家制造业龙头老大在维修服务业方面的发展，稳固其收入。2005 年，通用电气近 2/3 的利润来自服务业，而 1980 年的服务业业务对利润的贡献率仅为 16.4%。

自从韦尔奇登上总裁宝座以来，他就一直提倡引导通用电气从传统制造业向服务业转型。1986 年，通用电气收购美国广播公司（NBC），涉足娱乐业，这一举动进一步地削弱了制造业在通用电气的主导地位。进入 20 世纪 90 年代，美国经济体制发生着剧变，信息技术浪潮瓦解了原先在企业价值链中不必要的部分，也模糊了制造业和服务业间传统的界线。产品周期缩短、技术更新加快，“资讯”日益成为制造业附加值的主要来源，制造业也因此而急速地发生着质变——生产、产品和服务都必须要进行重新定义。随着传统工业部门的产值减缓，通用电气的制造业产品盈利越来越困难。与之形成鲜明对比的是，在服务领域，一些新兴战略经营单位正凭着其降低成本、提高效率的技巧扮演起高级顾问的角色。正是在上述趋势之下，韦尔奇坚持，在产业无边界的时代里，通用电气再也不能仅仅依靠制造出来的产品。由于韦尔奇力求投资回报率达到 15%~20%，而传统制造业务大多仅能依靠一位数的增幅勉强支撑，为此，各业务单位的管理人员在“重压”之下，纷纷出谋划策，力求在新的“食物链条”上寻找突破口。其中，最具示范性的是通用电气资本服务公司的大幅增长。1985 年以来，资本服务公司扩大了 7 倍，收入从当年的 38 亿美元递增到 265 亿美元，其利润从不足 5 亿美元飙升到 35 亿美元，几乎占公司总利润的 1/3。

而对于那些极力想降低成本、提高效率的客户们来说，通用电气的知识相当具有吸引力——而且任何对手无法与之相比。在诸如医疗保健器材这些远离本行的领域内，也出现了韦尔奇所预见的“与通用电气公司工业本行密切相关的各种售后服务业”所可能带来的丰厚利润。这种潜在的优势的日渐显性化，使通用电气顺利地迈入了韦尔奇服务战略的第二阶段——通用电气核心工业部门日益在服务业中占据更大的市场份额。今天，通用电气的服务正从包括零部件调换、彻底检修和机器维护在内的传统型业务向更广阔的领域拓展。新业务领域包括：通过对自身业务和技术的投资提高已有基地的服务水准及其服务方式；通过运用更先进的技术，使业务单位跨越服务的层面，对服务基地进行重建，以大大提高终端顾客的竞争优势。

面对制造业竞争加剧的大趋势，通用电气加速向服务业转型。GE 把冰箱、冰柜、微波炉、空调、洗衣机等传统制造业大量转移到中国等低成本国家的同时，将服务作为通用电气四大核心业务之一。2004 年其 63.2%的收入都来自金融、信息和产品等方面的服务。2005 年，通用电气进一步对公司现有的 11 个业务方向进行结构性调整重新组建的 6 大新业务方向：基础设施、工业、商业金融服务、NBC 全国广播公司、医疗健康和消费者金融服务；其中后四项属于服务业。由此可见，GE 公司已经从过去的制造业公司转变为基于核心制造能力的“多元化的服务公司”。

3．罗尔斯-罗伊斯（RR）

成立于1904年的罗尔斯-罗伊斯是全球最大的飞机引擎和汽油涡轮机制造商，并提供陆路、海洋和航空用电力系统。该公司的产品主要为飞机发动机，可用来装备由西方各国制造的近70种军用和民用飞机。当前，单纯制造过程已不再产生更多的附加价值，研发、采购、储存、物流、营销、服务、融资和技术支持服务等，成为产品价值的重要来源。现在RR公司不仅提供质量可靠的产品，还为其客户提供高价值的服务，并从服务业务中获取巨额收入。例如，它的“公务机服务”协议服务于由AE3007、BR710涡扇发动机等装备的公务机，支持新的和在役发动机，提供整机的修理和检查，以及发动机数据采集和分析，用户可根据发动机实际工作时间每月支付酬金。该公司在过去18个月中所宣布的民用发动机订单中大约80%都含有服务协议，且服务覆盖比例不断提高，使RR能在原本就已经很高的营业收入基础上获得稳步增长。通过服务合同绑定客户，对每台发动机根据每飞行小时进行收费，大大降低了因发动机故障、维修保养等带来的成本和不确定性。过去5年间该公司服务性收入增加了60%，在其60亿英镑的年销售额中，一半以上来自服务业务。

4．大连冰山集团

大连冰山集团的前身是大连冷冻机厂，规模小，产品单一，市场占有率低。随着市场发育的日益成熟，用户已经不仅仅简单地停留在对产品的需求上，而是对工程项目的成套化、专业化的需求非常迫切。但是在2000年前后，具有成套服务功能、能够极大满足用户需求的国内同行业企业几乎没有。因此，加快从单机向成套转化的新生产经营模式，就成为大连冰山集团发展的加速器。

经过近几年的实施，大连冰山集团已经形成了石化装备成套、中央空调成套、工业制冷成套、农产品深加工成套、食品流通冷冻冷藏成套的五大成套十大系列产品，初步实现了“售前服务——成套设计——产品制造——安装服务——售后服务”一条龙的企业发展模式。据统计，由成套工程实现的销售收入占销售总额的比例由 2000 年的 21.8%提高到了 2006 年的 50.35%。由成套工程实现的利润占利润总额的比例由 2000 年的 27.6%提高到 2006 年的 68.8%。

三、我国发展服务型制造的可行性与必要性

我国制造业具备了发展服务型制造的基础

（1）巨大的产业规模为制造业发展服务型制造奠定了良好的经济基础。

经过多年发展，我国制造业产业规模巨大，我国制造业已经形成门类齐全、规模较大、具有一定技术水平的产业体系，成为国民经济的重要支柱产业。特别是《国务院关于加快振兴制造业的若干意见》（国发〔2006〕8 号）实施以来，制造业发展明显加快，重大技术装备自主化水平显著提高，国际竞争力进一步提升，部分产品技术水平和市场占有率跃居世界前列。这为我国制造业创新增长模式提供了强大的经济与技术基础。

（2）集聚效应初步显现为服务型制造的实施提供了良好的产业组织基础。

在市场竞争和政府引导下，产业资源配置进一步优化，兼并重组步伐加快，企业集团正在做大做强，一批产业聚集区正在加快形成。珠三角、长三角、环渤海成为我国制造业增长的三个增长极，成—德—绵开发带及关中—天水开发带，成为我国传统制造业基地创新发展模式的试验田。在这些制造业高度聚集的区域，产业链相对较为完善，企业间的交通距离较近，为制造企业之间开展协作互动提供了良好的产业布局优势，有利于高度聚集的资源

实现协作创新。

（3）科技创新能力的不断提高，为我国制造业发展服务型制造提供了良好的人才基础。新中国成立后，经过 60 年的发展，我国建立了完善的高等教育体制和科学研究体制，培养了大量的科学技术人才和技能人才，这些都为制造业发展服务型制造提供了良好的人才基础。

（4）生产性服务业的快速发展，促进了制造业和服务业的融合发展。我国服务业在近年来获得了较快的发展，经济总量不断增长。在我国的服务业中，金融、邮电通信、物流、广告、咨询、法律服务、会计服务等生产性服务业的发展极为迅速，在北京、上海、深圳等经济中心城市，生产性服务业已经成为经济发展最快的产业。生产性服务业的快速发展，为我国制造业和服务业的互动融合——发展服务型制造提供了良好的产业基础。

（5）国家一系列重大工程的启动，为制造业发展服务型制造提供了广阔的市场空间。“十二五”期间，在我国国民经济发展中已启动一大批重大工程项目，国家也大力倡导战略性新兴产业的发展。一大批高铁、核电、新能源、新材料、海洋工程项目的实施，都要求制造业提供全面的解决方案，这为制造业的发展提供广阔的市场空间。

（6）良好的政策环境，促进制造业发展服务型制造。《国民经济和社会发展第十三个五年规划纲要（草案）》提出，“围绕结构深度调整、振兴实体经济，……，改造提升传统产业，加快构建创新能力强、品质服务优、协作紧密、环境友好的现代产业新体系。”“要实施制造强国战略，深入实施《中国制造 2025》，以提高制造业创新能力和基础能力为重点，推进信息技术与制造技术深度融合，促进制造业朝高端、智能、绿色、服务方向发展，培育制造业竞争新优势。……，加快发展新型制造业，推动传统产业改造升级。”“要加快推动服务业优质高效发展。开展加快发展现代服务业行动，扩大服务业对外开放，优化服务业发展环境，推动生产性服务业向专业化和价值链高端延伸、生活性服务业向精细和高品质转变。促进生产性服务业专业化，提高生活性服务业品质，完善服务业发展体制和政策。”这些政策方针，都为制造业和服务业的融合发展，提供良好的政策支持，打造良好的政策环境，将极大地促进服务型制造的发展。

国家的产业规划和相关的政治经济政策的制定，为制造业发展服务型制造，促进增长方式的转变提供了良好的政策环境。

我国制造业发展服务型制造的必要性

服务型制造对中国制造业的发展具有重要的意义。服务型制造作为一种新的制造模式和生产组织方式，能够顺应全球制造业与服务业相融合，生产性服务业与制造业互动发展的趋势，促进中国制造业的优化升级。发展服务型制造的必要性体现在以下几个方面：

（1）制造业的突出地位与面临的困境，驱动着制造业增长模式的转变。制造业是带动经济快速增长的发动机；制造业是吸纳劳动力的重要载体。长期以，来我国制造业依靠劳动力、资金、资源的投入实现的增长，在当前面的资源、环境的压力，劳动力短缺的环境下，传统的增长模式难以为继，迫切需要实现增长模式的转变。

（2）制造业是实现经济增长方式转变和推进传统产业改造升级的根本手段。我国正处在经济增长方式从粗放型向集约型转变时期，经济增长方式的集约化不再是盲目追求速度和产量，而是注重效率和质量，以及节约资源和降低污染。集约化的决定性因素是加速技术进步，集约化的物质基础是开发先进、高效的技术装备。制造业承担着为国民经济各行业和国防建设提供装备的重任，带动性强，波及面广，其技术水平不仅决定了各产业当前竞争力的强弱，而且决定了今后运行的质量和效益。用先进装备改造传统产业是实现产业结构升级的根本手段。因此，制造业在经济增长方式转变过程中具有至关重要的作用。

（3）制造业增长模式转变是科技成果转化为生产力的桥梁和通道。制造业是科学技术和知识转化为生产力的最具深度、最有影响的产业。技术装备作为技术载体，是科研成果转化为生产力的媒介和桥梁，是科研成果从潜在效益转化为现实效益的重要手段。技术装备是技术含量高、附加价值大、产业关联度大以及出口贸易利益较大的商品。因而，技术装备是工业发达国家，以至工业发展中国家在国际市场上竞相角逐的重点，也是世界贸易的主导商品和增长速度最快的商品。

（4）制造业增长模式转变是保障国家经济安全和军事安全的重要基础。西方发达国家的发展进程中无不高度重视制造业的发展，即使进入信息化社会，仍十分重视以制造业为核心的制造业。以作为制造业工作母机的精密机床为例，它是西方国家对华禁运的重点。1999 年 5 月，美国政府公布的考克斯报告提出要控制对华出口机床；2000 年 10 月 12 日，美国参议院通过了针对中国等国家的《控制高技术机床出口》的法案。这说明高精度机床对一个国家的经济安全和军事安全的重要性。

（5）服务型制造符合制造业外部环境的演化趋势。美国等西方发达国家早在 20 世纪 80 年代就已经完成了由工业经济向服务经济形态的转变。生产性服务业的发展促进了世界服务经济的发展。由于生产性服务业对于生产活动具有依附性、交融性，这主要表现为制造业的中间投入中服务的投入，同时，制造业部门的功能也日趋服务化。生产性服务业与制造业形成互动发展的良性循环，生产性服务业的发展能促进制造业的发展，同时，制造业的发展必须伴随生产性服务业更快速度的发展。生产性服务业的发展促使制造业（包括制造业）的产业形态也随之发生转变，由传统的“以制造为中心”的产业转变为“以服务为中心”的产业。近几十年来，生产性服务业的迅速发展，促使制造业产业形态在国际上基本完成了由制造型产业向制造——服务型产业的转变，我国制造业的产业升级和增长模式的转变必须符合国际产业升级的趋势。

（6）制造业转向服务型制造，有助于转变制造业的高成本、高能耗、低附加值的增长模式。经济与人口、资源和环境协调发展要求日益提高，以经济和科技实力为基础的国际竞争日益加剧的时代背景下，继续沿袭依靠增加生产要素的投入来获得增长的粗放式增长方式已经没有出路。“节能减排”

成为制造业结构调整的直接动因。服务型制造强调，改进企业生产组织方式，合理配置资源，加大技术改造投入力度，推广先进制造技术和清洁生产方式，提高材料利用率和生产效率，降低能耗，减少污染物排放。因此，服务型制造有助于转变制造业低成本、高能耗、低附加值模式。

（7）服务型制造有助于制造业实现资源整合，延伸制造企业价值链。服务型制造要求制造企业构建服务型制造网络，打破地域、行业、所有制的界限，加强制造业企业和生产性服务企业的合作，重点抓住技术带动性强、需求量大的重大技术装备，以关键设备为龙头，机械、材料、电子和零配件等相关产业一起上，形成一批具有整体竞争力的战略产业群体；以重大技术装备的成套生产为突破口，打破条块、地域及所有制界限，促进大中型企业的战略重组。通过构建服务型制造网络，制造企业和生产性服务企业建立紧密的战略联盟，有利于实现分散化制造及服务资源的集成，协同创造价值，实现合作共赢。例如：装备企业通过延伸产业链，发展产品相关的服务，有助于扩大经营的增值空间。据统计，国际上很多顶级的制造业收入的50%以上是来自服务业，制造业企业变成了“制造+服务”。服务型制造能够促使制造企业从为用户提供单一产品向为用户提供包含产品和服务的全面解决方案转变。服务覆盖产品的开发、生产、售后服务、报废和回收等产品的全生命周期，制造企业在工程承包、系统集成、设备租赁、提供解决方案、再制造等方面开展服务，逐步实现由生产型制造向服务型制造转变，以便提高制造企业的竞争力和获得更高的利润。

（8）服务型制造是提高制造业的竞争力的重要途径。通过发展服务型制造，制造企业能够集成分散化的制造及服务资源、实现高效协同，延伸产业链，扩大企业价值增值空间，实现绿色节能生产，这将极大地提高制造企业的核心竞争力。

四、发展服务型制造是产业转型升级的重要方向

服务型制造战略有利于增强制造业的竞争力

服务型制造作为一种新的创新性商业模式，有利于制造企业在产品制造价值链的高端创造更大价值。发展服务型制造会促使企业把资源集中于最具有竞争力的环节，把握产业价值链的战略控制点。为此，必须将非核心环节外包以降低成本，强化核心竞争力、提高收益率。首先，服务的差异化能有效增强制造企业的竞争力；装备制造企业相比于消费品企业更倾向于进行服务差异化竞争。其次，服务型制造有利于提升装备制造业绩效。装备制造产业深化、分工细化及市场细分需要灵活的、柔性的、小批量多品种的生产制造方式以适应市场需求的变化，服务型制造正是能满足客户对产品定制要求的、柔性的生产方式。在服务型制造模式中，服务型制造商发挥核心竞争力，快速响应市场变化和顾客需求；利用服务型制造整合、增值、创新的特点，带动中小企业的快速发展，促进制造业形成劳动力专门化、社会化、横向一体化的规模效益，从而带动整个制造业绩效的提升。

服务型制造有利于中国制造业的转型和升级

实施服务型制造，有助于中国制造业结构升级，促进从中国代工变成中国制造的转变。目前中国制造大多是“中国代工”，主要原因在于缺乏自主知

识产权、缺乏对整个产业增值链的控制和主导能力。服务型制造是推动中国代工向中国制造升级的新生产方式。一方面，企业实施服务型制造战略，通过向客户提供全生命周期服务，延长了价值链，增强企业的盈利能力；另一方面，通过面向企业的服务，使得服务型制造中的企业向自身核心竞争力回归，在相互协作中增强整体盈利能力，整合创新资源，增强创新能力。企业从单纯的生产加工，转变为向中间客户和最终客户提供全方位和全生命周期的服务，同时向产品研发和营销网络渗透，通过世界范围内的生产性服务和技术、加工、服务渠道的互相融合，将加快“中国代工”向“中国制造”转变的步伐。

服务型制造有利于促进国民经济增长方式的转变。随着经济的发展，中国将逐渐失去赖以发展的劳动力成本和资源优势，在现有的资源和环境约束下，已经无法支撑中国经济延续原有的增长模式，必须寻求可持续发展的道路。服务型制造的出现正顺应了中国经济发展模式转变的需要，它通过强化制造价值链中的人力资本、知识资本的价值创造，实现经济增长的软性化，改变国民经济增长方式。从世界经济发展史的角度来看，生产方式曾有几次重大的变革，每次变革都伴随着一些国家的迅速崛起。服务型制造作为新的生产方式，也孕育着新的崛起机会。历史经验告诉我们，谁能够抓住历史性的生产方式的变革机遇，谁就能奇迹般地崛起。反之，即使曾经是庞大的经济帝国，也会很快衰落下去。

服务型制造有助于中国区域经济的均衡发展。国内经济区域发展的不均衡，特别是中西部内陆地区与沿海发达地区的巨大经济差距严重困扰中国经济发展。服务型制造的资源整合和价值链的延伸可以有效地促进区域不均衡问题的解决。通过实施服务型制造，一方面构建跨区域服务增值网络，促进东部地区企业参与国际制造业分包，加速承接国际制造业的转移；依托制造分包向产业链上下游扩展，学习国际制造业先进经验，积累产业升级基础，提升东部的制造竞争力。另一方面，以制造服务方式整合西部制造资源，带动中西部企业承接东部地区产业转移，促进东部地区制造产业向上游和下游扩展，发展生产性服务业，实现产业链的延伸和转移；发挥服务型制造整合、增值、创新的特点，带动中小企业的快速发展。构建微观基础上的横跨东西、完整的产业链和服务价值链，实现国内区域经济的均衡发展。

在制造业与服务业日益融合的情况下，产品和服务构成产品服务系统并提供给顾客。此时，有必要将制造业与服务业，特别是将现代制造业与生产性服务业紧密联系，构成一个有机系统来看待。根据系统工程理论，那些单靠大力发展制造业或单独推动服务业的策略措施在提升制造业和壮大服务业方面都显得乏力。只有将对制造业服务业的推动力施加到两者的融合区——服务型制造，才能取得战略协同效应，才能迈向提升制造业和带动服务业壮大的目标。

发展服务型制造有利于促进服务业的发展[11]

1. 发展服务型制造有利于扩大以生产性服务业为主的服务业规模

实施服务型制造战略的制造企业将顾客引入到制造和服务的全过程，依靠服务创新实现顾客价值最大化，将有效提升制造业对服务业中间投入产品的需求，从而扩大服务业特别是生产性服务业的产业规模，打破产业发展中的“棘轮效应”(即制造业越是发展得多就越是发展，由此导致制造业的发展挤压服务业发展的效应)。

2. 服务型制造战略能够推动服务业升级

全球化制造和敏捷制造等先进制造模式都需要现代服务业的支撑，现代服务业是现代制造业的基础。作为一种新的先进制造模式——服务型制造更

[11] 袭著燕，郑波，孙林岩. 服务型制造战略——破解山东省制造业不强服务业滞后之道，山东大学学报(社科版)，2009 年第一期，110-119.

需要现代服务业务作为制造企业进行服务创新而增强竞争力的支撑。因此，制造业的提升会促进现代服务业的服务内涵和手段的发展：服务型制造离不开信息服务、金融服务、物流服务、会展服务、咨询服务、会计律师等中介服务；发展服务型制造需要的高素质创新人才，离不开高水平的教育、培训、文化、医疗服务等。实施服务型制造战略将加快制造业与服务业融合步伐，促进服务业进行产业创新。制造企业以服务创新开发产品服务系统，将给那些向制造业提供金融、广告、销售、咨询、通信、信息等方面的服务支持的服务行业带来新启示和发展空间，催生出许多新的服务行业，产生 1 + 1 > 2 的效应，引领经济的发展。例如诞生于传统的交通运输、仓储等产业与信息产业结合基础上的现代物流业，它们带来新的市场成为发达国家经济发展的重要引擎之一。产业融合直接促使传统服务行业实现创新，在产业融合基础上形成的新的服务行业加快产业创新的步伐，缩短了产业结构升级的周期。企业也因此获得更多的商机和市场，从而带动整个经济的持续繁荣。

3

服务型制造发展趋势

唐守廉[1]　唐一薇[2]

1　北京邮电大学经济管理学院教授、博士生导师；

2　教育部战略研究（培育）基地，北京邮电大学高水平特色型大学发展战略研究中心，研究人员。

当前，世界制造业进入了新一轮国际化分工和市场划分阶段，制造业产业模式正在发生深刻变化，服务型制造成为全球制造业发展的趋势。具体而言，这种趋势主要表现为经营理念、覆盖范畴、产品模式、技术基础、追求目标和产业方式的转变，表现为从抽象到具体、由内向外、由个人理念、企业模式到产业分界的转变。

一、客户导向趋势

买方市场

伴随世界经济和全球制造业的快速发展，制造商品市场逐渐从产品短缺转向产品过剩，从卖方市场转向买方市场。

在 20 世纪 80 年代之前，我国经济落后，商品短缺、供不应求，只能长期实行计划供应和定量分配。改革开放促进了我国经济和制造业的快速发展，商品市场逐渐展现出买方市场特征；产品种类不断丰富，质量不断提升，相关配套服务逐渐到位；某些制造产业盲目发展，产能急剧飙升，出现严重产能过剩和市场竞争激烈的现象。例如，长期伴随国民经济高速增长的钢铁、煤炭、石油、建材、石化等产业，面对近年基础设施建设和房地产等产业发展速度的回落，出现产能调整滞后、产能过剩严重和企业经济效益下滑的现象。我国粗钢产量占世界粗钢产量的百分比从 2003 年的 22.3%上升到 2013

年的 51.9%。我国钢铁产业年销售收入从 2003 年的 6 691.66 亿元上升为 2012 年的 35 441.09 亿元；但年销售利润率却从 2003 年的 7.16%下降为 0.04%。[2]2015 年 1～5 月，全国粗钢产量近 20 年来首次下降，和去年同期相比下降 1.6%；粗钢表观消费量同比下降 5.1%。钢材价格持续走低，钢材综合价格指数从 2014 年底的 83.09 跌到 2015 年 6 月末的 66.69。中国钢铁工业协会会员钢铁企业在 2015 年 1～5 月的主营业务亏损 164.81 亿元，增亏 103.61 亿元。[3]

再如我国的汽车制造产业。随着国民收入水平的提高和城镇化进程的推进，我国汽车需求量快速攀升。2014 年，我国汽车产销双双超过 2 300 万辆，从 2009 年开始连续六年居世界第一；[4]但汽车销量增速（同比增长 6.9%）比 2013 年有明显的回落，预计 2015 年汽车销量同比增长将继续回落至 3.4%～5.0%。2014 年我国重点汽车制造企业的主要效益指标明显回落，1～11 月重点汽车制造企业利润总额同比增长 12.5%，增速比上年下降一半；销售利润率和成本费用利润率分别为 10.9%和 12.4%，分别仅高于上年同期 0.2 和 0.3 个百分点。我国汽车产业和汽车市场将进入中期调整阶段。2014 年我国汽车厂商新增库存超过 34 万辆，比 2013 年增加 68%；从 2014 年第四季度起，汽车流通环节库存不断增加，经销商库存预警指数在 11 月达历史最高水平，多家经销商资金链紧绷而拒绝进货。2015 年，各地政府特别是发达地区政府，出于不断增加的治理环境压力，相继出台汽车限购政策。再加上政府用车制度改革，都将进一步抑制汽车需求量的增长。从 2009 年开始，我国汽车净进口数量年均增速约 15%，且还在加速增长，将直接影响国产汽车的销量。[5]

---

[2] 数据来源：制造强国战略研究项目组，制造强国战略研究·智能制造专题卷，北京：中国工信出版集团，电子工业出版社，2015 年 5 月，P301-307.

[3] 数据来源：中国钢铁工业协会会长张广宁，适应新常态—把握新常态—努力促进我国钢铁工业转型升级创新发展——在中国钢铁工业协会五届二次常务理事（扩大）会议上的讲话，中国冶金报，2015 年 7 月 10 日第 002 版。

[4] 资料来源：制造强国战略研究项目组，制造强国战略研究·领域卷(一)，北京：中国工信出版集团，电子工业出版社，2015 年 6 月，P308-309.

[5] 资料来源：国务院发展研究中心市场经济研究所“中国市场形势动态分析”课题组汽车市场运行风险加剧，增速将继续回落，2015-06-30.

以客户为导向

卖方市场的主体是产品的生产者。传统制造企业以“产品”为导向，以生产制造环节为核心，以产品售出为企业经营过程的终结。而在一个产品逐渐过剩而竞争日趋激烈的买方市场上，企业必须从“产品导向”转向“客户导向”，从挖掘客户更深层次的需求出发，提升产品的内涵以提高产品的市场竞争力。这些内涵包括更高的技术水平和设计水平，更多的功能和更全面的服务。“以客户为导向”成为制造业向服务转型的重要原则。客户需要什么，企业就要努力提供什么。

正是依从“以客户为导向”的原则，产品售出不再是企业经营过程的终结，而是一个新的企业和客户建立持久良好关系的开端，是一个更多服务源源不断传递至客户的开始。制造企业不但要重视产品质量，更要重视产品功能和相关服务质量。产品质量和服务质量将决定着服务型制造企业的市场竞争力。

企业为满足客户不断提升和个性化的需求，不但要高度重视产品的技术创新，也要高度重视产品的设计创新，以及相关的服务创新，才能提高企业和产品的市场认知度和提升客户满意度。

例如，尽管我国已成为世界汽车大国，但我国汽车制造业的综合实力，包括核心技术掌控、基础工业水平、品牌实力、供应链能力等，都与德、日、美等一流汽车强国有较大差距。目前，能源消耗、环境污染、交通拥堵和行车安全等正在成为客户迫切需要解决的重大问题，新能源汽车和互联智能汽车将成为汽车市场的焦点。客户需求的转变正在成为全球汽车产业快速革新的推动力和我国汽车制造业的重大发展机遇。我国拥有全球最大的汽车市场和互联网市场，拥有全球最发达的电商体系，拥有最为贴近客户的本土汽车制造企业，也拥有越来越关注智能交通体系建设的政府，这些条件为我国汽车制造业的发展奠定了坚实的基础。[6]

二、全生命周期趋势

以客户为导向，制造企业就不能再只站在企业角度考虑产品的生产和售出，而必须站在客户的角度；不但要考虑产品的售出，还要考虑产品的使用，既要顾及产品的全生命周期和考虑产品的全生命周期成本，也要考虑与之相关的全生命周期质量。

产品的全生命周期是指从产品的产生直至消亡的整个过程。20 世纪 60 年代，美国国防部率先提出了全生命周期成本的概念，力求通过增加研制费用以节省后面的使用保障费用，因为全生命周期成本内，武器的使用保障费用约占一大半。美国国防部认为，在武器采购时，不但要考虑是否买得起，更要考虑是否用得起。产品的全生命周期成本基本包括设计成本、制造成本、销售成本、维修成本、使用成本和回收报废成本，其中，设计成本包括可行性研究、市场调查、图样设计、产品试验、修改设计和准备技术说明书等费用，制造成本包括材料采购、加工工时、劳动工时、半成品运输、存放及装配、调试、检验、废品和修复等费用，销售成本包括产品包装、运输、储存及广告等费用，维修成本是在使用中，对产品进行修理或更换零件所需花费的费用，使用成本是在使用中，需要支付的人力消耗和动力消耗等费用，回收报废成本是对产品进行报废处理和再生的费用。实施全生命周期成本管理的目标是力求获取最低的全生命周期成本。20 世纪 80 年代后期，我国也开始重视全生命周期成本，相继出台了相关的规定和标准，例如我国颁布的《GB/T

---

[6] 制造强国战略研究项目组，制造强国战略研究·领域卷(一)，北京：中国工信出版集团，电子工业出版社，2015 年 6 月，P331-344.

19000.4—1995 质量管理和质量保证标准第 4 部分：可信性大纲管理指南》。

产品是否有市场，不但取决于企业的营销努力，更取决于客户的主观认识。客户并不在意产品在售出之前企业支出的设计成本、制造成本和销售成本，而更在意客户实际支出的购买成本、使用成本、维修成本和报废成本。购买成本是指客户购买产品的价格和产品的运输、安装费用，使用成本则指产品在使用过程中的物理损耗和能源消耗等，维修成本则是产品报送修、更换零部件和人工费用等，报废成本指产品的拆卸和运输等费用。客户进行产品的购买决策时，不但希望有较低的购买价格，而且希望获取较低的全生命周期成本；不但要求产品有优良的性能质量指标，而且希望配有费用低廉和周到的运输、安装、维修、回收等服务，即还需要有优良的运输、安装、维修和回收的服务质量。购买时的产品质量加上购买后的服务质量，可称为产品的全生命周期质量。

如果制造企业不为客户提供与产品相关的运输、安装、维修、回收等服务，那么客户只能逐个询价其他服务企业，寻找所需的运输、安装、维修、回收等服务。如此就会增大交易成本和交易风险；一旦某个环节出现了问题，难以追溯和确定责任，更难以退货和寻求赔偿。只有当企业能为客户提供全套的运输、安装、维修、回收等服务时，客户才可能获取最低的全生命周期成本，这也就加强了产品的市场竞争力。

三、产品+服务趋势

服务型制造就是要在传统产品基础上增加新的服务，即形成“产品+服务”的模式。只有“产品+服务”的模式，才符合“以客户为导向”和“全生命周期”的原则，才能够形成现代完整的产品。

产品全生命周期中相关服务可分为四个层次，即产品生产前层次，以及产品生产之后进入市场的购买服务层、使用服务层和回收服务层；形成共十二个服务模块的“产品+服务”圈，如图 1 所示。产品生产前服务是指产品的研发设计服务和定制服务；购买服务层包括产品销售相关的运输服务、安装服务、租赁服务、融资服务、工程服务和退换货服务等；使用服务层主要指产品的监测服务和维修服务等，回收服务层指产品的回收服务和再制造服务等。产品和十二个服务模块的任意组合，便可以形成多种形式的“产品+服务”组合方案。

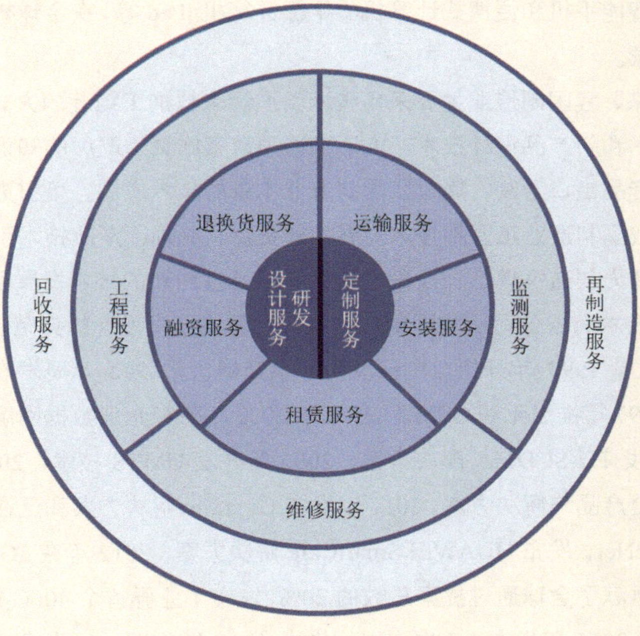

图 1 “产品+服务”圈

研发设计服务

研发设计服务是提升产品功能和质量，提高市场竞争力的最为基本的服务内容之一。制造企业为提高产品的市场竞争力和获取客户更高的满意度，越来越重视研发设计服务。不少制造企业就是以不断推陈出新的研发设计作为企业永恒的发展动力的。

美国苹果公司无疑是高技术创新和新产品设计创新的典范，从最早的Apple 个人计算机、图形界面和桌面概念的 Macintosh 计算机，到电子音乐播放器 iPod 和在线音乐商店，再到智能手机 iPhone 和在线软件商店 App Store，以及介于智能手机和便携式计算机的平板计算机 iPad 等，在全球树立了优良的品牌形象。

多年来，我国制造业主要采用技术引进和来料加工组装的方式，缺少核心关键技术和新产品设计技术。由于发达国家实施更为严厉的知识产权保护和高技术产品出口管制，随着我国制造业本身的技术发展，可引进技术已逐渐减少。我国制造业正面临技术发展的转折点，必须逐渐从技术引进和模仿为主，转变为创造性模仿、改进性创新和原始性创新的技术发展模式。

华为技术有限公司是我国制造业中高度重视研发设计的典范。该公司以创新为动力，1990 年开始自主研发用户小交换机，1992 年研发农村数字交换技术，1997 年推出无线 GSM 解决方案，2003 年研究企业数据网解决方案，2004 年开发 TD-SCDMA 解决方案，2006 年开发 UMTS 技术，2007 年开发存储和安全产品与解决方案，2011 年发布 GigaSite 解决方案和泛在超宽带网络架构 U2Net，发布 HUAWEI SmartCare 解决方案；2012 年在 3GPP LTE 核心标准中贡献了全球通过提案总数的 20%，发布了业界首个 400G DWDM 光传送系统；2013 年发布 5G 白皮书，推出 400G 路由器，率先发布骨干路由器 1T 路由线卡、40T 超大容量波分样机和全光交换网络 AOSN 新架构，发布全球首个以业务和用户体验为中心的敏捷网络架构及全球首款敏捷交换机 S12700。[7]

[7] 数据来源：华为公司官网 http://www.huawei.com/cn/about-huawei/corporate-info/milestone/index.htm.

定制服务

传统制造企业并不是不关注客户需求，只不过为降低生产成本而追求生产规模，故更关注客户需求的共性。现代制造企业在激烈的市场竞争环境中，必须不断寻找新的市场，因而更关注客户需求的个性。定制服务就是针对客户的差异化需求，按需定制，量身打造，为客户提供更为适宜的个性化产品的活动，从而给客户带来美好的体验。

制造企业推行定制服务的最本质原因在于客户需求的异质性，导致产品生命周期缩短和市场竞争加剧，传统大规模生产已经难以追随市场的动态变化；而推行定制服务可以满足客户个性化需求，避免产品的同质化；也为企业赢得新的市场、更高的产品价格和利润。

新技术为企业实施定制服务创造了便利条件。现代信息技术可以为企业有效获取客户需求信息和集聚客户群体，新的生产制造技术可以方便定制生产和降低定制成本，先进的价值链管理可以有效整合上下游相关资源。

定制服务在向两方向发展，即大规模定制和高端定制。一方面，制造企业在实施定制服务中，通过改进技术和定制模式，追求规模，即努力实现大规模定制，以降低定制成本。另一方面，制造企业更加关注客户需求的差异化，尤其是高端客户的需求，实行高端定制，以获取更高价格。

不同制造产业有不同的定制程度和定制方式。有的制造产业从来就是“一对一”的定制服务，例如有的特种设备制造业，以及面向名人的高端服装定制等。也有的制造产业“从无到有”发展定制服务，例如大众服装业开始不断深入细分客户群，努力推行大规模定制，而面向著名运动员的制鞋业也开始了实行“一对一”的定制服务等。

运输服务

大型和大批量商品的运输服务主要依靠物流，而在电子商务环境下，零售商品的送货上门主要依赖于我国迅猛发展起来的快递服务。

目前，我国制造业的运输服务还基本处于粗放阶段，具体表现为采购、包装、运输等环节的分割独立运行和制造企业的封闭式运营，以及运输环节的低技术水平和非标准化操作等。

现代制造业需要现代化的运输服务，应实现先进的供应链管理，建立企业联盟或生产协作行业组织，集中、协同、统一制造运输服务，保障制造产品的及时供应，提高运输效率和降低运输成本，提供更高水平的运输服务。

安装服务

安装（调试）服务是一项技术性的售后服务工作。为保证客户购买产品的正确安装和正常运行，企业派出技术人员到现场负责指导或直接进行产品的安装（调试）。这种服务方式既适用于面向企业的工业机器、大型机具、成套设备等产品，也适用于面向最终消费者的众多家用产品。

很多制造行业制定了相应的安装（调试）服务规范，其中明确安装服务各方的责任和要求，通常产品的制造企业都是安装服务质量的最终责任者；明确安装工作的具体任务和实施工序；明确安装人员的资质认定和行为规范；

明确安装质量标准和专用配件；明确相应的收费标准等。

企业通过提供安装服务以建立良好的信誉和开拓未来市场。能否提供标准化和令客户满意的安装服务成为企业新的竞争焦点。

租赁/融资服务

产品+租赁服务主要适用于设备制造行业，例如汽车制造业、航空制造业、通用设备和专用设备制造业、电气机械和器材制造业、计算机、通信和其他电子设备制造业等。开展租赁服务，尤其再配套融资，形成租赁/融资服务的方式，对需要装备的制造企业，尤其对资金实力欠缺的中小微制造企业非常有利，可有效节约固定成本和便于进行设备更新和技术改造。

例如，作为全球最大航空发动机制造商的罗尔斯-罗伊斯公司，启用“租用服务时间”的模式，不直接向波音、空客等飞机制造商出售发动机，而是承诺在租用时间内承担所有的保养、维修和数据分析等服务，从而减轻了飞机制造商的压力。该公司通过这种服务合同绑定客户，在其销售的喷气发动机中 55%以上都签订了服务协议；2007 年的服务收入占其总收入的 53.7%。[8]

20 世纪 80 年代，美国通用电气公司在全球 24 个国家拥有 113 家制造厂，其单纯制造生产产值占总产值的比重高达 85%。其后，该公司通过建立金融服务公司开展融资租赁服务，其金融服务公司为通用电气的客户提供大量贷款，客户以大宗合同作为回报，形成一种“养鸡取蛋”的良性循环。通用电气公司“技术 + 管理 + 服务”创造产值占总产值比重已达 70%。金融服务公司拥有了全球最大的设备出租公司，拥有 900 架飞机（超过任何一家航空公司），188 000 辆列车（超过任何一家铁路公司），759 000 辆小汽车，

[8] 范二平，于华. 世界制造业服务化的发展趋势对我省的启示[J]，中小企业管理与科技，2014(1):128-129.

12 000 辆卡车和 11 颗卫星，这些数据足以说明其庞大的租赁服务规模。[9]

工程服务

为更好地保证和提高产品在全生命周期内的使用效能，一些制造企业还围绕产品，提供相关的技术集成和工程承包服务，包括提供成套设备、自动化生产线、整个车间、整个工厂的整体解决方案，提供工程总包和“交钥匙”工程服务，以及相关的咨询和融资服务等；具体的服务方式类似于建筑行业的常用方式，例如 EPC(Engineering Procurement Construction), 即包括设计、采购、施工和试运行等的工程总承包，以及 BOT (Build-Operate-Transfer), 即建设、经营、转让的工程承包方式。EPC 主要界定工程服务的具体内容，而 BOT 则主要说明工程实施过程中其特许权的过渡方式。不同工程项目，根据其具体情况，可以演变出多种不同程度的工程服务方式。实行工程服务有利于不断优化整体方案，有效克服设计、采购、施工不同环节中相互制约和脱节的矛盾，有效控制工程质量、费用和进度，对缩短建设周期、提高工程质量和降低工程造价具有重要作用。

工程服务通常适用于设备制造产业的生产性服务。大多数工程服务由独立的工程企业承担，现在也有以制造企业为主承办的模式。西门子集团向客户提供系统解决方案、合同能源管理和融资租赁服务等。[10]IBM 公司早已从硬件制造商转向 IT 服务商，又悄然转入服务产品化战略，以及随后的创新服务策略；目的就是为客户提供系统解决方案和设备远程服务；2005 年后，

[9] 范二平，于华. 世界制造业服务化的发展趋势对我省的启示[J]，中小企业管理与科技，2014(1):128-129.

[10] 李浩，顾新建，祁国宁，纪杨建，陈芨熙. 现代制造服务业的发展模式及中国的发展策略[J]，中国机械工程，2012(4):798-809.

该公司年服务收入已超过总收入的 50%。[11]我国海尔集团提出由“卖产品”转向“信息化整体解决方案”。[12]徐工集团提出从工程机械产品提供商向工程机械方案提供商的转型。陕西鼓风机集团提出项目总承包服务，从出售单一风机转向提供个性化成套机组解决方案和系统服务，产值从 2001 年的 4 亿元增长至 2007 年的 40 亿元，其中 58%是靠“技术+管理+服务”完成的。[13]

监测/维修服务

为了提高产品的使用质量，一些制造企业依赖智能技术和信息技术提供产品的使用服务，包括传感技术、非接触检测技术和远程信息传输技术等，对重要产品实施实时远程监测和维护。这种方式既适用于设备制造产业的生产性服务，也适用于较大型民用设备制造产业的生活性服务和公共服务（如电梯等）。

例如，青岛捷能汽轮机集团的汽轮机产品涉及十大系列 300 余品种，产品遍布全国和大量出口。该企业提供汽轮机远程在线监测及故障诊断服务，以实现零距离服务。广西柳工集团是广西“十一五”期间重点培育和发展的工程机械产业龙头企业，其战略目标是“打造产业经营与资本运作能力卓越，具有独特服务型制造模式的先进制造企业”，2013 年获工信部专项资金支持，研发“工程机械产品远程管理服务系统”，依赖物联网技术，通过智能控制系统，采集关键数据，完成产品运行工况数据的实时采集和大数据分析，实现对售后产品运行工况的远程监测、管理及服务。东方汽轮机有限公司从“24

[11] 范二平，于华. 世界制造业服务化的发展趋势对我省的启示[J]，中小企业管理与科技，2014(1):128-129.

[12] 李浩，顾新建，祁国宁，纪杨建，陈芨熙. 现代制造服务业的发展模式及中国的发展策略[J]，中国机械工程，2012(4):798-809.

[13] 王瑞祥. 加快发展现代制造服务业，深入推进行业转型升级[J]，电器工业，2012(11):38-43.

小时服务精神”延伸为“终身服务，全方位全过程服务，超前超值服务”，通过技术交底，监装服务、大修服务、备件储备服务等内容，提供产品全生命周期服务。

回收/再制造服务

制造业的产品回收和再制造服务，从有利于环境保护和“变废为宝”的角度，受到广泛关注。这种服务方式主要适用于有再造价值和通过回收有利于环境保护的产品，主要包括废旧汽车及其零部件、工程机械、机床，以及电子类产品等。

2005 年，国务院发文《关于加快发展循环经济的若干意见》中明确支持发展再制造产业。与制造新品相比，再制造可节能 60%，节材 70%，大气污染物排放量降低 80%以上，具有重要的现实意义。[14]

潍柴动力集团 2008 年专门成立发动机及其零部件的再制造公司，成为国家发改委确定的首批 14 家汽车零部件再制造试点企业之一。另一家汽车零部件再制造试点企业，广州花都全球自动变速箱有限公司多年累计再制造各类型汽车自动变速器达 60 000 台，为社会节约资金 13.5 亿元，节约原材料 20 多万吨，总价值 10 多亿元。[15]

产品回收和再制造服务现也走上了“互联网+”的时代，原由个体户“走街串巷”回收，再交由小作坊处理的方式，逐渐演变为通过网站预约回收废品，交由专业企业进行环保拆解或再制造的方式；一方面改变了难以有效保护环境的落后处理方式，另一方面保证了正规环保企业的持续生产，促进再制造产业的发展。

[14] 解振华. 我国再制造产业发展进入重要机遇期[J]，财经界，2011(6):66.
[15] 朱琳. 打造中国特色再制造产业[J]，中国科技投资，2013(6):33-36.

采用何种“产品+服务”的模式，取决于原产品的特点、服务的种类、服务提供者和所依赖技术的不同、所服务对象的特征，以及“产品+服务”的目的；因而也就有了多种“产品+服务”模式的区分方式。

例如，装备制造业、流程制造业等主要面向其他产业的生产过程，提供其所需的生产设备和原材料；而轻工业、纺织业等则主要面向最终消费者的家庭或个人消费。家庭或个人消费者通常属于非专业购买者，希望得到更为方便的销售服务。企业客户通常是更理性和依赖于集体决策的专业购买者，需要上游产业提供能够有效融入其自身生产过程的产品和服务，以帮助其实现自身发展目标；因而更需要质量可靠的产品和及时的维护服务等。尽管这类客户数量不大，但购买规模大，与上游产业的购销关系更为稳定。再如，按照服务提供者的不同，服务可分为自营服务和外包服务；按照技术平台的不同，服务可分为实体服务场所平台，通信服务平台和互联网服务平台等。

四、信息服务趋势

信息技术对制造业的影响不亚于因机械化、电气化和自动化而形成的工业革命。信息技术已经成为“工业 4.0”不可或缺的重要通用目的技术。

主动服务平台

制造业采用互联网、移动互联网、物联网技术，依靠云计算和大数据分析技术等，搭建面向客户的主动服务平台。

制造企业通过信息技术平台，实时跟踪和采集产品的使用信息，实现产品的远程实时监控和及时维护，以及在此基础之上的设计更新，提高服务效率和服务水平。

制造业通过建立在互联网和移动互联网上的全球化网上交易系统，可以有效减少交易环节，有效地减少买卖双方的信息不对称现象，有效地约束交易的机会主义行为，从而更加合理化交易价格和扩大交易规模。

通过网上交易系统，制造企业可以实现和扩展与客户的联系沟通，搜集大量的客户需求信息，运用云计算平台和大数据分析技术及时、客观、准确分析客户需求，实现按需产品设计、柔性生产、定制服务和主动服务，有效地满足产品多样化和市场细分需求。

美国通用电气公司在 2012 年提出了工业互联网（Industrial Internet）的概念。2014 年，GE，Cisco，IBM，AT&T，Intel 等家企业发起成立了工业互联网联盟。工业互联网是工业设备与信息技术融合的产物，是指工业系统与高级计算技术、泛在感知技术，以及互联网络相互融合的新的制造服务模式，强调促进机器之间、人机之间的实时连接和智能交互，以实现高效的设计、操作、维护和安全保障。

制造业转变发展模式

依赖于现代信息技术和网络平台，制造业和相关服务业正在突破传统产业界限，形成深度融合和强大合力，产生新型业态；现代制造企业采用具有网络功能的高端智能装备、智能传感器、高速工业网络、智能分析处理系统等软硬件系统，自动采集产品生产和使用过程中产品信息，改进产品性能，提高产品质量，实现实时监测和主动维护服务；制造企业及其客户突破生产和消费界限，采用数字化设计技术和互联网络，实施体验、定制、众创、外包、众包等新生产模式，组建分布式研发网络，实现远程设计和异地制造，将制造业传统封闭式生产、简单协同生产转变为基于虚拟网络平台的网络协同发展模式，有利于优化配置制造资源，灵活生产组织，丰富创新创意，汇聚发展资金，降低生产和相关服务成本，缩短研发和生产周期，极大提高整个制造产业链的效率。

例如，中国商用飞机有限责任公司利用互联网上统一的数字化平台，聚集全球十多个国家的上百家设计制造单位的几千名工程师共同开展工作，实现了国产大型客机的全球协同研制。

五、服务利润趋势

制造业在发展过程中，为提高生产效率，不断进行细化分工，逐渐形成了涵盖技术开发、产品设计、原材料采购、元部件生产、产品组装、物流配送、市场销售、售后服务、功能升级、废品回收与再制造等环节的现代制造产业链。通常可将其分为三大段落，即包括技术开发和产品设计的前端研发设计环节，原材料采购、元部件生产、产品组装的中间生产制造环节，以及物流配送、市场销售、售后服务和废品回收的后端销售服务环节。

生产制造环节主要依赖于原材料、能源、劳动力和资本等基本生产要素，是以一般劳动和技术工具装备为主体的直接制造环节；而研发设计环节和销售服务环节则更多依赖于增长的人力资本和显性或隐性知识的科学技术，是以高级生产要素为主体的非直接制造环节，并表现出远高于直接制造环节的附加价值。

在严酷的市场竞争压力下，生产制造环节的利润越来越薄，制造企业被迫寻找新的利润来源，即从生产制造环节向研发设计和销售服务环节延伸，从生产制造利润延展到技术和产品设计的创新利润，以及产品销售和售后支持的服务利润。

任何一家制造企业的优势通常相对聚集在某个生产环节，有选择地弱化弱势环节，甚至将其外包给其他企业，是制造企业发展的一种更有效率的方式。

制造业聚焦于哪个环节和采用何种发展模式，取决于一个国家、地区、产业、企业自身拥有的比较优势。如果缺少必要的资源，就难以自主选择发展模式和发展方向，只能被动参与他人主导的产业链条，承担其中低价值环节。只有具备了产业高端技术、高端人才和完备的销售服务体系，才可能向制造业高端服务环节转变和获取高额利润。是否转向高附加价值的研发设计环节或销售服务环节，即转向服务型制造，对企业来说，决定其在产业链中的地位和盈利水平；而对国家而言，决定其在全球制造业布局中的地位。

多年来，欧美发达国家的制造业利用其掌控的生产资源优势，通过深化国际产业分工，控制高端研发设计和销售服务环节，向落后国家转移低端生产制造环节，始终占据着世界制造业的制高点和高额利润。全球汽车行业总利润中，仅有40%左右出自生产制造环节，其余归属服务环节。[16]世界著名运动鞋制造企业耐克公司，其总部仅包括研发设计和市场营销部门，其余制造环节几乎都外包给质量好和成本低的其他制鞋企业。[17]全球制造企业的服务业务收入占企业销售收入的比值平均为26%；服务业务占比排名前10%的企业中，这一指标均超过50%。我国机械工业也涌现一些先进典型企业，例如上海电气集团的服务收入占比已约30%。[18]

相比欧美发达国家，多年来，我国制造业主要依赖于基本生产资源，发展低附加价值的直接生产制造环节，以量取胜，成为世界制造大国。要想继续在竞争激烈的买方市场上存活和发展，我国制造企业必须转变观念，从单纯的来料组装加工转向上下游产业链环节，通过创新和服务，形成新的竞争优势，赚取新的利润。近年来，国内一些制造业龙头企业已经开始转型，实施产品+服务的模式，以争夺更多的市场份额和企业盈利，例如海尔集团、联想集团、上汽集团等。即使是一些中小企业也不甘落后，2012 年福建省 305 家中小企业调查显示，约 24.3%的中小企业涉及产品设计、市场调查、顾问咨询、售后维修、产品租赁、批发零售及网络销售等服务业务；67.6%

[16] 胥军，杨超. 我国现代制造服务业的形成机理与发展对策[J]，中国行政管理，2010(12):81-84.
[17] 赵一婷，刘继国. 制造业服务化：概念、趋势及其启示[J]，当代经济管理，2008(7):45-48.
[18] 王瑞祥. 加快发展现代制造服务业，深入推进行业转型升级[J]，电器工业，2012(11):38-43.

的企业强化售后服务；16.2%的企业实施创新服务和发展产品衍生服务；约24.3%涉及服务业务的中小企业的服务收益约占总收益的 38%；27%的企业与外部服务机构进行合作。[19]

六、跨产业分化与融合趋势

制造业的发展离不开相关的研发设计和销售服务。制造企业可以利用自己内部的相关部门自营服务业务，由此节约交易成本和提高专业性；也可将这些服务业务外包给其他企业。通常，高技术制造企业的主要技术研发和产品设计工作，以及装备制造企业的售后服务工作等较多采用自营服务方式；而主要面向社会大众的消费制造企业则更多依赖于服务外包。

随着生产规模的不断扩大和市场竞争的不断激烈，制造企业更加专注于集中自身优势资源和培育核心竞争力，而将原本企业内部的相应服务部门分化外置成独立的服务企业，或将更多的相关服务活动外包给社会上专业化的第三方服务企业，以获取更专业、更高水平和更低成本的配套服务；尤其是一些原本缺少相关服务能力的中小制造企业更乐于将服务需求外包于独立的服务企业。

由此，社会上逐渐发展出第三方专业的制造服务企业，整合形成一定规模的制造服务业。这些制造服务企业不再仅仅为特定的某个制造企业服务，而是面向整个制造产业，从而得以不断聚集服务资源，不断提高服务专业技能、服务效率和扩大服务规模。制造服务业成为制造业的重要辅助支撑力量。

制造服务是向产品开发、生产和使用全过程所提供各种形式服务活动的总称，既包括生产过程的服务，也包括消费过程的服务。生产过程的服务具体包括技术研发和转移、产品设计、采购、物流、质量监控、设备租赁、信

[19] 林莉，马凤棋，范金旺. 福建省中小制造企业推动制造服务化存在的问题及对策研究[J]，西部经济管理论坛，2014(1):8-11.

息技术、金融、保险、财会、法律、人力资源与人才培训，节能环保、工程设计与管理、管理咨询服务等。消费过程的服务具体包括产品的市场分析、售前、售中和售后服务，政策支持和市场环境形成，以及产品回收、处置和再制造服务等。

在国民经济统计的产业分类体系中，大多数服务业都既包括生产性服务活动，也包括生活性服务活动和公共服务活动。例如，金融服务业就既有面向企业的信贷服务，又有面向居民的储蓄服务，还有维持社会和市场稳定的公共服务服务等。目前，国民经济统计体系中没有单列生产性服务业，也难以区分出面向制造业的制造服务业。

制造业在服务转型过程中，离不开制造服务业的帮助；制造服务业更离不开制造业的支撑。制造业和制造服务业相互影响、相互作用、共同发展，形成良性互动互补关系。制造业和制造服务业正在走向更深层次的融合发展，从而实现制造业质的飞跃和制造服务业的超前发展。

七、服务转型趋势

总的看来，与传统制造相比（见表 1），服务型制造从客户的角度出发，认为客户需要的其实不是产品的物质形态，而是其功能，是在全生命周期内能为客户提供的始终如一的功能，为此，制造企业不但要销售产品，也要提供服务；企业销售产品不再是交易的终结，而是一个围绕产品全生命周期内企业与客户之间建立良好服务关系的开端，服务将覆盖产品的全生命周期；“产品+服务”的模式将成为制造业的新的产出模式；质量既有产品质量，也有服务质量；制造企业既要通过大规模生产，以降低成本和获取生产利润，更要满足客户个性化需求，提高客户满意度和追求服务利润；而正是因为需要提供生产产品之外的附加服务，制造企业需要不断加强自身的服务部门，或寻求与独立的第三方服务企业合作，或分化出独立的服务企业或转型为制造服务企业。反之，第三方制造服务企业也在寻求与制造业的合作；可以说，制造业与相关制造服务业正在深度融合，最终将形成一个既包括制造业也包括制造服务业在内的现代大制造产业。

表 1　服务型制造与传统制造的区别

区　别	传统制造企业	服务型制造企业
导向	以产品为导向	以客户为导向
周期	产品售出为终结	产品全生命周期
产出	产品	产品+服务
重点	生产制造环节	研发设计和销售服务环节
质量	产品质量	产品质量+服务质量
追求	大规模制造的低成本	个性化需求的客户满意度
利润	生产利润	生产利润+服务利润
产业	封闭	开放和融合

制造业能否转变生产经营模式，从低附加价值的生产制造环节向高附加价值的研发设计和销售服务环节发展，直接体现制造企业和一国制造产业的全球市场竞争能力。不实行服务型制造，不抢占全球制造产业链的制高点，即使可以成为制造大国，但绝不会成为制造强国。

我国要实现从“制造大国”迈向“制造强国”，必须走服务型制造的道路，即从单纯依赖附加价值较低的生产制造环节向附加价值更高的研发设计和销售服务环节延伸，从劳动密集型和资源密集型转向技术密集型和服务密集型，从依赖“人口红利”和“资源红利”转向更多依赖“技术红利”和“服务红利”。

到 2025 年，我国制造业服务转型的战略目标是，形成若干个实现服务型制造的龙头企业和骨干企业，形成众多通过服务外包实现服务型制造的中小企业；构建一个实力强大的，能够和制造业有效融合的制造服务业，由此，整合形成占据全球制造产业制高点并主导全球制造产业发展方向的服务型大制造产业。这样一个强大的服务型大制造产业应该体现以下四大特征。

（1）制造业投入从资本和劳动力投入为主转向以知识和技术投入为主，具体表现为研发投入强度和研发人员占比的明显增加，以及核心有效专利数量和高技术产品贸易竞争优势指数的显著增加，表现为掌握一批重点领域的核心技术。

（2）制造业整体产品中服务所占比重显著增加，具体表现为服务产值在总产值中占比的大量增加。

（3）服务型制造企业逐渐增加，服务型制造企业占制造企业总数比重应明显增加。

（4）制造服务业得到迅速发展，制造服务业增加值逐年增加，制造服务业增加值在服务业增加值中的比重逐渐提升。只有拥有这样一个强大的服务型大制造产业，我国才能够走向一个真正的世界制造强国。这样一个制造强国不但应该是全球生产制造基地，而且应该是全球制造服务外包中心，包括研发服务中心和销售服务中心。

4

服务型制造基本业态

安筱鹏[1]

1　工业和信息化部信息化和软件服务业司副司长。

产业升级的本质是生产要素成本攀升与产业价值链提升之间的一场马拉松式的竞赛，这场竞赛决定了一个国家能否迈过中等收入陷阱、能否冲破高收入之墙。以制造业服务化提升产业价值链，是信息化时代一个企业乃至一个国家赢得这场竞赛的关键。自 20 世纪后期以来，围绕着制造业的服务化转型，人们虽然提出了一系列新概念，但是这些新概念的共同点都是在有形产品基础上提供了更多的服务，以“产品+服务”的方式提供满足消费者需求的解决方案，这一过程是一个从被动到主动、从自发到自觉、从局部到全局的过程。现如今，要找到一种既不含服务活动也没有植入任何服务关系的制成品已非常困难。服务和产品如影随形，服务以各种形态融入了产品全生命周期的各个环节。服务如水，水的形态既可在固体、液体、气体之间转换，也可以随地形走势的变化而调整自己存在形式。服务可以以各种形式融入了产品设计、生产过程、流通交付、维护管理、价值提升的方方面面，有价值创造的可能就有服务形态的出现，这也给我们认识和把握制造业服务化的规律带来很多挑战。与传统制造相比，服务型制造不再是只从企业的角度出发，更多是从消费者角度出发，不再只重视产品的生产过程，而是更重视产品的使用过程；不再只强调产品质量，而是更强调相应的服务质量。服务型制造具有与传统制造截然不同的特点，衍生出新的制造方式，概括来讲有以下五种典型模式。

一、基于产品设计的增值服务

工业产品具有某种满足客户需求的功能，但随着大规模加工制造和工艺的日趋成熟，标准化工业制成品的大规模、大批量生产越来越容易，传统制造业生产能力急剧膨胀、快速扩张，制造企业越来越难从数量相对过剩且缺乏差异的标准化工业制成品身上获取竞争优势，更难以通过大众化的产品和标准化的功能来锁定消费群体，同质化的竞争越演越烈。针对上述问题，制造企业越来越重视通过对产品的功能、结构、形态及包装进行设计创新，以满足消费者不断提升的深层功能需求和个性化需求。许多在市场竞争中占优势的制造企业都把产品设计服务看做提高产品附加值、提升产品品牌价值的重要手段，看做抢占市场、赢得顾客的有效途径。

工业设计服务

21 世纪是设计的世纪，一个不重视工业设计的国家将成为明日的落伍者，中国设计是“中国制造”向“中国创造”、“中国速度”向“中国质量”、“中国产品”向“中国品牌”转变的桥梁。工业设计是以工业产品为主要对象，综合运用科技成果和工学、美学、心理学、经济学等知识，对产品的功能、结构、形态及包装等进行整合优化的创新活动，其核心是产品设计，已广泛应用于轻工、纺织、机械、电子信息等行业。许多制造企业密切关注产品设计的细节，为将产品做到极致满足目标消费群体而服务，在此过程中逐渐将卖产品转变成卖服务。与此相关的服务包括以下几方面。

（1）产品功能设计服务，即围绕产品的功能进行设计创新的服务。产品功能设计是构成产品价值产生质变飞跃的决定性因素，也为产品带来了新的生命力，尤其在市场的激烈竞争中，功能设计是使产品在销售过程中，取得竞争优势的重要条件之一。耐克公司依靠人体功能学设计研发性能卓越的运动产品，一举成为运动用品全球第一品牌，曾占据全球市场 46%份额。

（2）产品外观设计服务，即围绕产品的结构、形态及包装等进行整合优化创新的服务。在研究产品性能的基础上，工业设计还通过合理的造型手段，使产品能够具有符合产品性能并与环境协调的产品形态，能够适应和引导用户的美学品位和时尚追求，从而提升产品竞争力和市场价值。产品外观设计的目标是赋予产品更优美的形式、给用户更美好的身心感受，是提升对用户的吸引力、决定产品差异性的关键，在家电、电子等产品制造中已成为能够带来高附加值的环节。

个性化的产品设计服务

大批量的规模化生产是传统制造业生产的基本模式，企业通过单一产品大批量生产实现规模经济，降低了生产成本并进一步带来了市场规模的扩张，这一传统的“福特制”成为工业生产方式最基本的特征。福特曾说“不管消费者要什么，我只有黑色”。自 20 世纪后半期以来，随着市场同质化竞争的加剧和消费文化的变革，传统制造企业不断寻求新的价值增长点，逐渐把个性化的产品设计作为企业产品竞争力的重要来源，传统的基于规模经济的大批量生产模式向大规模定制模式演变。在服装、电子、汽车、家具等领域，以产品为核心的传统制造向以消费者为中心的服务型制造转变，消费者深度参与的个性化产品设计模式是大规模定制的基本内容，制造企业通过将消费者的个性化需求融入到产品设计过程之中，引进消费者成为“合作生产者”，在价值链各环节为消费者提供符合其个性化需要的“产品系统”，实现顾客的价值。企业根据客户的个性化需求，量身定制相应的产品和解决方案，帮助企业锁定那些品位独特、并乐于为个性化体验付费的高端客户，个性化设计已成为传统制造企业提高产品价值、实现差异化竞争、提高竞争力的基本途径。中国服装制造企业青岛红领构建了集订单提交、设计打样、生产制造、物流交付于一体的个性化定制平台 RCMTM（Redcollar Made to Measure），开发了信息化版型数据库和工艺管理数据库，款式数据和工艺数据囊括了海量的设计流行元素，能满足超过百万万亿种设计组合，覆盖 99.9%的个性化设计需求，实现了大规模个性化定制的服装制造，成为全球第一家完全实现工业化大规模定制的企业。青岛红领集团通过大规模个性化定制服务，实现业务接单量年提升 100%以上，利润率提高 100%以上。目前 RCMTM 业务销售收入已占其总销售收入的 22%，RCMTM 业务利润已占其总利润的 46%。

二、基于产品效能提升的增值服务

市场竞争的加剧使得企业通过服务不断提升产品价值，满足客户的需要，实现产品运行的稳定性、效用的最大化，更好地体现差异化竞争，创造利润并锁定顾客，并在新一轮的竞争中脱颖而出。产品效能提升的服务方式主要体现在产品交付客户后的运行中，通过服务化的手段，实现产品的增值，并不断创新出新的商业模式。概括起来，产品效能提升的增值服务主要包括：产品全生命周期服务和实时响应的个人数字化服务。

产品全生命周期服务

无论是生产者还是消费者，总是希望其购买的有形产品能稳定地发挥产品的功能和作用。在工业企业尤其是能源化工、汽车装备、集成电路、平板显示等资本密集型产业领域，在电信、航空、轨道运输等高度依赖于高度精密设备的现代服务领域，生产和服务所依赖的任何机器设备的停工所造成的损失都是巨大的。美国的备件和维修市场规模占美国 GDP 的 8%，这意味着，美国消费者每年将花费超过 1 万亿美元用于自身设备的维护。例如，一架波音 747 飞机进行保养维修意味着因停飞而每天损失三十多万美元。据统计，全球飞机保养维修费用超过 1000 亿美元。因此，提供设备持续有效运行的产品全生命周期服务成为企业销售核心竞争力的重要体现。在个人汽车消费领域，消费者希望能够提供自助救助、实时导航的在线支持服务。同时，信息技术不断融入到工业产品中，产品的智能化水平不断提升，生产设备（制造装备、电信设备等）及大宗消费品（汽车等）的智能化水平不断提升，为产品的实时诊断、预警和及时服务创造了条件。在这一背景下，越来越多的企业把产品全生命周期服务支持作为收入的重要来源。GE 通过搭建开放式的工业互联网平台 Predix，并为其每个产品创建数字方案，向客户提供产品应用开发、运行分析等服务，从而使得产品的能力和效率最大化。据权威机构测算，如果工业互联网达到消费互联网那样的充分应用水平，那么到2030年，互联网在工业领域的行业应用或将为中国经济带来累计3万亿美元的GDP增量，这也很好地论证了GE工业互联网的“1%的威力”的说法[2]。与产品全生命周期相关的服务包括以下几方面。

（1）远程诊断服务。制造企业建立远程监控中心、远程诊断中心、不间断应答中心，通过产品智能化支撑设备的远程故障诊断，开展预测维护、性能趋势监测、运行波动监测，形成检维修服务网络，利用远程监控技术和诊断服务能力，开展各类增值服务。全球最大的飞机引擎和汽油涡轮机制造商罗尔斯-罗伊斯（Rolls-Royce）把在线远程诊断服务作为产品服务合同的核心内容。

（2）实时维修服务。开展检维修专业服务（已损修理、定期检修、预测维修），提升产品的可靠性和减少客户因设备故障造成的停工损失。全球著名的工程机械制造商三一集团通过在产品设备中安装运动控制器（SYMC），并借助自主研发的ECC(企业控制中心)系统，实现对产品设备的运行监控、远程售后维护、运行预警、参数修改、技术升级等服务，有效提高产品设备的运行和维护效率。

（3）外包服务和运营服务，提供基于实时维护的服务产品，服务时间进行收费的模式。通用汽车的OnStar公司通过应用全球卫星定位系统（GPS）和无线通信技术来为消费者提供实时安全及导航服务，在美国和加拿大的用户已经超过600万。

实时响应的个人数字化服务

以互联网为代表的信息通信技术加速向传统产业融合渗透，从根本上改

[2] GE指出，在航空发动机这个领域，如果能够节省1%的燃料，那么未来15年可以给客户带来300亿美元的节省。工业世界任何微小的改变都会带来很大的优势，GE把它称为“1%的威力”。

变了服务产品无形性、不可存储性、生产和消费同时性等传统属性，使得服务变得有形化、可存储、可贸易，极大地促进了制造业与服务业的关联性和协同性，加快了制造业服务化进程。尤其是随着传感器、芯片、软件、存储等技术的持续更新，以及物联网（IOT）的快速发展，手机、电视、汽车、穿戴设备（如衣服、鞋子、帽子、手表）等越来越多的生活用品成为智能化的网络终端。这一方面使得制造企业能够通过硬件产品与内容服务的有机融合，为客户带来动态化个性体验；另一方面也使得制造企业能够通过监测、整理和分析产品使用过程中的数据，为客户提供实时化、智能化的产品增值服务。与此相关的服务包括以下几方面。

1. 个人娱乐服务

智能电视的出现颠覆了彩电行业的市场竞争规则，彩电行业的竞争已从单纯的硬件竞争模式向应用服务竞争模式转变，电视产品的供求关系也不再是以往的产品端输出，而是围绕用户需求进行价值延展。例如，TCL、创维等彩电企业正在从传统硬件生产商到硬件+软件+内容提供商的转变，乐视、小米也凭借自身数字内容资源的优势开始向智能电视制造领域进军。再如，苹果公司的产品从 iPod 到 iPhone，成功的原因一方面在于其时尚化的外观设计、人性化的操作，另一方面在于终端产品与网上音视频服务的深度融合。到 2008 年，苹果的 iTunes 已经超越沃尔玛，成为全球第一大音乐零售商，全球消费者通过 iTunes 购买的乐曲已经超过 80 亿首。2010 年 4 月 5 日苹果正式公布了 iPad 平板电脑，当日，其应用程序网店 App Store 售出了超过 100 万个应用，通过 iBookstore 应用售出的电子书也达到了 25 万部。现在，载有众多 APP 应用的智能手机已经成为人们生活不可或缺的一部分，应用服务的供给能力则是手机制造商抢占市场的关键因素。

2. 个人健康服务

现在，越来越多制造企业通过在鞋服、手表、眼镜乃至家居用品中植入感知芯片和操作系统研制出智能可穿戴产品和智能家居产品，并与远程数据分析系统相结合为客户提供实时健康监测和生活服务。2014 年初，谷歌以 32 亿美元收购一家家庭自动化公司 Nest Labs，旨在将 Nest Labs 的智能家居产品与其自身的互联网服务充分融合，为用户提供环境监测、智能控制等家居服务。

3. 生活服务

随着互联网经济的繁荣，共享经济等以互联网为依托的资源利用模式开始出现并快速扩张，对传统制造业的市场需求产生了较大影响。宝马汽车公司就及时做出了应对共享经济扩张的企业战略，它与汽车租赁公司 Sixt 结成合作伙伴，通过开辟“分时租赁”的租车服务新业务，减小自身产品销售缩减带来的损失。同时，也进一步拓展了自身服务化的业务范围。

三、基于产品交易便捷化的增值服务

制造企业的业务从制造环节向交易环节拓展具有天然的条件和内在需求，正如钱德勒在其著作《企业规模经济与范围经济》所观察到的那样，当工业产品交付需要专业知识来销售、配送、安装和维护并且提供必要的信贷安排时，由制造商来提供这些产品和服务的范围经济就会越来越明显。事实上，在制造业发展的历史进程中，出于竞争的需要，越来越多的企业把提高产品交易的便捷化作为提升企业竞争力的重要手段和途径，交易效率和便捷化程度正成为企业核心竞争力的重要组成部分。在网络交易蓬勃发展的背景下，制造企业正通过多元化的金融服务、精准化的供应链管理、便捷化的电子商务为客户提供更富有竞争力的产品和服务。

多元化的金融融资服务

随着工业产品从卖方市场转向买市场的时候，生产企业为了解决消费者一次性巨额支付等问题，在产品流通销售、消费及使用阶段提供包括分期付款、赊销等方式金融服务，降低了购买者一次性固定设备资金投入，提高了资金使用率和收益率，促进产品市场规模的快速扩张。20 世纪 50 年代以后，在技术含量高、资本密集型产品领域，各种基于制造产品的融资租赁金融服务不断涌现。多元化的融资租赁主要包括以下几方面。

（1）消费信贷服务。分期付款是制造企业最先发展起来的金融服务，零售商一般和消费者签订分期付款零售合同，约定客户者在一定期限内向零售商分期付款。

（2）融资租赁服务。制造企业为客户提供了基于产品功能的各种服务，客户通过购买（或租赁）实物产品在一定时期内的使用权及相关支持服务，从而享用其效用，在这一过程中实物产品的产权没有转移。美国一年在各地销售出的轿车和货车中有大量产品进入了租赁市场，主要汽车厂商用租赁方式销售汽车数量占其总产量的 50%以上。10 年前，租赁公司约占全球飞机运输市场的 14%。目前，这一比例已升至 24%。这意味着在全球投入营运的 1.2 万架商用飞机中，租赁的飞机大约有 2 880 架。

精准化供应链管理服务

企业之间的竞争已不仅仅是品牌、质量、成本的竞争，企业供应链的竞争力日益成为竞争的重要环节。制造企业在关注生产环节的同时，不断提升供应链服务能力和水平，尤其是面向客户的供应链服务能力。制造企业通过整合上下游资源，建立产供销各方的物流、信息流和资金流协同一体的运作体系，提供面向客户的库存管理、实时补货和物流配送等服务，对客户交付需求实时响应。一方面通过开辟服务项目增加了企业的收入，另一方面也通过优化的业务运营提高了合作伙伴的效益。

精准化的供应链管理服务主要包括以下几方面。

（1）实时补货。制造企业通过销售信息共享实现下游供应商和客户缺货产品的实时供货，帮助下游企业（如零售商）提升货品的充足度，从而提升其销售业绩。制造企业与客户生产计划对接，全程跟踪供应链库存，对可能出现的断料零件进行预警。

（2）零部件管理。零件制造商通过自动化的零部件订购、实时的供货服务、信息共享等服务，帮助下游制造商的售后服务部门提供响应更迅速、成本更低的维修服务。

（3）供应商库存管理。为下游企业管理原材料和零部件库存，减少库存成本、减少零部件下单和递送时间，从而缩短生产周期。

（4）专业物流服务。利用企业成熟的物流配送网及物流管理经验，为其他企业提供专业物流配送和物流管理等服务，包括物流战略优化、物流流程再造、物流规划、仓储管理、仓储代管、配送、运输、海运、清关等。

（5）逆向物流服务。帮助其他企业逆向物流服务来降低其运营成本，包括退货管理、货物回收，以及再加工和废旧货物处理等服务。

卡特彼勒（Caterpillar）是全球最大的工程机械公司，其物流部门通过为卡特彼勒母公司提供服务中获取的物流和售后零部件配送专业技能后，于1987年成立卡特比勒物流公司，为全球不同领域的60多家公司提供物流服务，服务领域涵盖汽车、航空国防、高科技、工业到耐用消费品等行业。卡特彼勒物流公司从提供运输管理、库存优化、配送中心管理到提供整合物流方案。该公司拥有8 100多名员工，发展成为每年承接8 400万订单项目、货物运抵全球200多个国家的国际物流服务商。

便捷化的电子商务服务

随着信息技术在市场交易环节的广泛应用，面向客户的便捷化电子商务服务成为企业竞争力提升的重要来源。制造企业通过建立面向客户的电子营销体系，实现经营管理系统与制造单元、分销渠道信息系统的集成，通过质量异议全程跟踪和客户订单全程跟踪，强化了从工厂到客户的全过程服务，提高客户要求响应速度，提升客户满意度。

电子商务服务主要包括以下几项。

（1）期货电子采购。为客户提供需求预测、期货订货、合同跟踪、自助配款、自助提单、财务查询、委托加工、配送管理等全业务过程的电子商务服务。

（2）现货电子采购。为企业客户提供查看产品清单、跟踪订单进度、保存交易记录、跟踪产品交付流程等服务，为现货用户提供定价交易、议价交易、集合议价、公开竞价等现货交易服务，还提供自助配款、自主提单等合同执行相关服务，以更有效地帮助客户进行采购管理，并降低交易成本。

宝钢公司的宝钢在线为其大客户提供了精细化的物流服务。以宝钢-通用为例，通过大客户通道将钢厂的在制量、在途量和库存量，按照 BOM 表转换为通用的车型零件可供件数；并与通用的滚动计划及时对比，全程跟踪供应链库存，对可能出现的断货零件进行预警。同时按照订货模型指导订货，实现了生产计划、钢材需求、订货卡片间的自动转化。这些措施既提高了工作效率，又在保障生产的情况下降低了库存。

四、基于产品整合的增值服务

《中国制造 2025》的总体思路是，以加快新一代信息技术与制造业深度融合为主线，以推进智能制造为主攻方向。智能制造生态系统竞争是产业竞争的制高点，构建开放、共享、协作的智能制造产业生态系统也是制造强国建设的重要内容。从实践来看，制造企业面对的客户需求在很多情况下并不是单一的产品，而是产品组合及其协调运转所带来的某种功能。制造企业在多大程度上能为客户提供产品的集成及全面解决方案，正成为企业提升竞争力、满足客户需求、赢得市场竞争的重要手段和途径。就制造企业而言，一体化的安装、集成化的专业服务正成为制造企业扩展业务的重要模式。

总集成总承包基础上的系统解决方案服务

在能源、通信、交通等国计民生重要领域，客户所购买并不是一系列重要的装备，而是装备系统能够实现有效运转并产生良好的经济社会效益。因此，涉及能源、通信、交通重要装备制造的企业不仅出售装备产品，而且还负责设备成套（包括系统设计、系统设备提供、系统安装调试）和工程承包（包括基础、厂房、外围设施建设），直到各种设备能够正常运转。企业把面向客户的一体化成套安装作为提升产品价值，将客户从繁杂的项目管理中解放出来，增加核心竞争力的重要手段。越来越多的制造企业提供了一体化的产品设计、方案咨询、系统设计、成套安装和试运行等服务，实现了由提供单机到提供生产线、提供系统成套设备，到为客户提供“量体裁衣”的设备与定制服务。在过去的十多年中，阿尔斯通建造了世界上速度最快的火车和动力最大的自动化地铁，成为轨道交通领域总集成总承包最重要的服务商。同时，也成为水力、核能、燃气、燃煤和风力等各类能源电厂提供交钥匙整合电厂解决方案、设备和相关服务的集成商，形成了极具竞争力的全产业链服务体系，成为全球电力和轨道交通行业发展的领跑者。

专业化的整体运营维护服务

日益激烈的市场竞争要求制造企业必须专注自身的核心竞争力，许多制造企业不再满足于对单项产品的生产和销售，而是倾向于通过提供一整套解决方案来满足客户的需求。随着竞争的加剧，在通信设备、轨道交通等领域，客户所需要的不仅是复杂产品系统组合的交钥匙工程，而且是在交钥匙工程基础上的全面维护和管理，提供从设计、规划、制造、施工、培训、维护、运营一体化的服务和解决方案，一整套解决方案往往涵盖的是“产品和服务的综合体”。制造企业要顺应这一要求，通过整合产业链上下游生产与服务资源，构建面向客户需求提供全面解决方案的产品供应模式。通过这种高价值的服务，制造企业可摆脱“商品化产品提供商”的薄利、低附加价值角色，并在未来的竞争格局中抢占先机。在不断变革与重组的全球通信设备制造业，华为通过打造全球通信设备集成化专业服务体系，全面提升通信设备集成化专业服务能力，实现从全球通信设备制造业的赶超者到领先者跨越。华为一直把为运营商提供集网络设计、方案咨询、网络部署、成套安装和试运行等一体化的集成服务作为其竞争力的重要组成部分。《华为 2014 年年度报告》显示，其 2014 年服务收入达到了 647 亿元，占其销售额 2 882 亿元的 22.4%。国内风机行业巨头陕鼓集团成功走出了一条从单一产品供应商向解决方案商和服务商转型之路，在转型中不断拓展服务业务，由基础性服务向高级服务拓展，由传统售后服务、基于核心技术的产品服务向交钥匙工程、融资服务、工业气体服务等方面拓展，最终实现从出售单一风机产品向出售个性化的透平成套机组问题的解决方案和出售系统服务转变。2014 年，陕鼓的利润占全行业 50%以上。

五、从基于产品的服务到基于需求的服务

在制造企业向服务化转型的过程中，无论是基于产品效能的提升，或基于产品交易的便捷化，还是基于产品整合的增值服务，其服务化的出发点都是基于有形产品的研发设计、产品交易、功能提升，这些都是制造业服务化转型的初级阶段。当制造企业有形资产的优势越来越被削弱，而以知识资产为代表的无形资产的竞争优势越来越突出的时候，企业将会实现根本的战略转型，即从一个传统的纯粹的制造企业转型为一个纯粹的服务企业，或企业实现了从基于产品的服务转变为基于需求的服务。换句话说，企业提供的服务并不是基于自己所拥有的制造资源，而是基于企业具备满足客户服务需求能力。从某种意义上来讲，制造企业服务化转型的最高阶段是企业发展战略实现了从基于产品服务向基于客户需求服务的转变，服务模式不再与自身原有产品绑定，而是将制造企业领先于市场的研发、供应链、销售等运营能力向外延展为服务。企业已不再是产品提供商而成为解决方案提供商，利用其在价值链上的运营优势，提供不依托于自身产品的专业服务。企业着力于挖掘和洞察客户的潜在需求，利用强大的服务体系帮助客户解决盘根错节、复杂艰巨的问题，交付给客户“一揽子”、“一站式”的解决办法和实施成果。这些服务主要是替客户打理企业的各种运营职能，帮助其提高竞争力、运转效率或降低成本，从而为客户创造更多的价值。企业已不再是产品提供商而成为解决方案提供商，向客户提供解决关键问题的方案，服务导向的解决方案致力于发掘客户内在驱动力和隐藏于深层的关联需求。为实现更好的服务而优化面向客户的解决方案，具备将其他公司的产品或服务融入自身解决方案的能力，服务的内容、质量和声誉是企业差异化的最大体现。同时，产业分工的细化催生了“代工”、“OEM”等无工厂化生产等新模式的形成，这些企业以设计、品牌、渠道为核心竞争力，可以围绕客户的需求提供全方位的产品和服务。IBM、惠普、戴尔等传统的电子制造业企业正在转向服务主导的企业。例如，IBM 已将其个人计算机硬件制造业务出售给中国联想等企业，自身专注于 IT 服务。目前在 IBM 全球的营收体系中大约有 55%的收入来自

IT 服务。耐克、阿迪达斯等体育用品企业正在转变为无工厂的轻资产运营服务企业，这些企业在生产上采取了虚拟化策略，所有产品都不由自己生产制造，而是外包给世界各地的生产厂家，自身则主要集中人才、物力、财力开展产品设计、市场营销和品牌维护。

六、小结

人类社会在经历了农业社会和工业社会之后正在加速向服务社会转型。在这一进程中随着技术进步、市场需求及竞争格局的变化，制造业服务化步伐不断加快。由于制造业不同行业产品的技术特征、智能化水平及市场竞争格局的差异性，制造业企业往往选择其最能增强产品竞争力、提高产品附加值的服务环节作为切入点，加快服务化转型的步伐。例如，随着装备、汽车、电子等产品的智能化水平不断提升，实时化的在线监测服务正成为企业提高竞争力的关键环节，而通信设备、轨道交通等行业的一体化成套安装成为企业收入来源新领域。制造业服务化转型将是一个复杂而长期的过程，在制造业服务化的道路上，不同企业将会选择不同的服务化途径和模式。

5

制造业与服务业融合路径研究

王　鹏[1]　李　燕[2]　周忠锋[3]

1　中国电子信息产业发展研究院副院长；
2　中国电子信息产业发展研究院产业政策研究所所长；
3　中国电子信息产业发展研究院产业政策研究所助理研究员。

受经济全球化和信息化双轮驱动影响，制造业与服务业融合的步伐加快，推动全球经济逐步过渡到“产品+服务”的服务经济时代。自 20 世纪中后期以来，美国、欧盟、日本等发达国家和地区的制造业领先企业就已逐步实现由单一生产制造模式向生产服务型制造模式的转变。进入新世纪以来，随着以互联网为代表的新一代信息技术在制造领域的深度应用，极大拓展了服务型制造的发展空间，涌现出在线支持服务、个性化定制服务等服务型制造新模式新业态，为服务型制造的快速发展提供了强有力的技术支撑。

长期以来我国制造业发展面临着创新能力不强、服务水平不高、质量效益偏低等一系列亟待解决的问题，如何促进我国制造业提质增效发展，提升制造业国际竞争力成为摆在我们面前的重要课题。2015 年 5 月，国务院发布了《中国制造 2025》战略规划纲要，将服务型制造与智能制造、绿色制造并列，作为重塑我国制造业竞争优势、建设制造强国的重要途径。在新一代信息技术应用的支撑下，加速制造业与服务业融合发展，是加快发展服务型制造的关键。

一、制造业与服务业融合模式

基于价值链“微笑曲线”，制造业与服务业融合可分为四种模式，参见表 1。

（1）基于制造的服务。制造企业将研发设计、工艺流程、供应链、商业运营等环节进行模块化分解，实施轻资产战略，以服务外包、业务流程协作、协同创新等形式与第三方专业服务机构协作，剥离非核心业务，专注于制造业核心环节。

（2）基于产品的服务。在制造业服务化初期，这种模式主要体现为通过差异化服务，以增强客户的满意度与产品黏性。这种“产品+服务”模式经过不断创新日趋成熟，由简单、碎片化的售后服务拓展为完善的售前、售中、售后、“24 小时随即响应”的服务模式，再延伸至个性化定制、设备融资租赁、再制造、云服务、产品全生命周期管理，以及线上线下（O2O）、直销（B2C）等新型高级模式。

表 1　制造业与服务业融合模式分类[2]

融合类型	融合模式	涵盖范畴
基于制造的服务（制造+服务）	外包服务	（1）企业内部管理服务、企业业务运作服务、供应链管理服务等商务流程外包。 （2）系统操作服务、系统应用服务、基础技术服务等信息技术外包。 （3）研发设计、咨询等知识流程外包
	协同制造	基于敏捷制造、虚拟制造、网络制造、全球制造的生产模式，以互联网络模式实现整个供应链企业共享客户、设计、生产经营信息
	协同创新	（1）研发机构、企业、高等院校建立协同创新联盟。 （2）建立开放创新平台。 （3）产业+孵化器
基于产品的服务（产品+服务包）	云服务	集系统销售、零配件、售后服务、信息服务和实时监测为一体的物联网服务体系
	个性化定制（C2B）	根据客户需求进行生产制造
	设备融资租赁	企业提供融资方案，以租赁的形式进行设备运营
	再制造	对废旧产品实施修复与改造进行二次再利用
	创新的营销模式	线上线下（O2O）、直销模式（B2C）等
	全生命周期管理	从需求、规划、设计、生产、经销、运行、使用、维修保养、直到回收再用处置
基于过程的服务	整体解决方案	研发、方案设计、设备集成、金融、施工等一体化解决方案
面向市场的服务	工程总承包（EPC）	BOT、BT、TOT、TBT、PPP 等模式
	合同能源管理	通过与客户签订节能服务合同，为客户提供节能改造的相关服务，并从客户节能改造后获得的节能效益中收回投资和取得利润的一种商业运作模式

（3）基于过程的服务，主要体现为面向顾客需求，集成了前期调研、规划、研发设计、设备集成、融资、施工、运营，以及循环再利用等全流程解

[2] 表 1 主要根据相关文献资料整理总结。

决方案，提供的一揽子服务体系。

（4）面向市场的服务。制造企业不再是仅仅通过“产品+服务”模式维护客户，而是以客户价值实现最大化为目标，将业务领域拓展至整个行业市场的工程总承包、项目运营管理、合同能源管理等各方面。

二、制造业与服务业融合发展趋势

制造企业服务投入和产出的比重不断提升

全球制造业服务化呈现出投入服务化与产出服务化的并存趋势，主要表现如下。

（1）制造业中间投入呈现服务化趋势，即制造业中间投入中服务要素不断增加。从 OECD 主要成员国制造业在 20 世纪不同时期的服务投入占中间投入的比重（见表 2）可见，在中间投入中，服务投入均呈现明显的上升趋势。

表 2 20 世纪 OECD 主要成员国制造业服务投入走势（%）

时期＼国家	英国	法国	德国	美国	日本	加拿大	丹麦	澳大利亚	荷兰
70 年代早期	15.59	16.26	—	21.14	15.57	8.29	14.72	17.10	11.05
70 年代中期	—	18.02	—	19.01	17.69	8.90	15.83	18.98	10.12
80 年代早期	23.22	20.03	19.42	21.29	17.58	11.97	15.52	—	11.70
80 年代中期	18.18	22.40	21.66	22.86	19.70	12.03	16.21	23.44	12.12
90 年代早期	21.91	24.73	24.33	24.12	24.70	11.06	16.79	23.15	—
90 年代中期	30.89	26.82	28.82	26.55	26.43	18.23	24.83	26.27	27.79

资料来源：刘继国. 制造业服务化发展趋势研究[M]. 北京：经济科学出版社，2009 年 5 月，第 55 页。

（2）制造业产出呈现服务化趋势，即制造业产出中服务产出所占比重不断升高。在OECD成员国制造业产出中服务产出所占比重，由20世纪70年代的15%迅速上升到21世纪初的30%；尤其是航空、国防、汽车制造和电子信息等产业的服务收入占总收入比重较高，参见表3。

表3 全球80家制造业企业中服务收入所占比例

全球工业	在全部销售中服务收入所占份额	
	平均值	排名前10名企业之和
航空和国防	47%	超过50%
汽车制造	37%	超过50%
电子信息产业	19%	超过50%
生物和医药设备	21%	超过50%
所有制造公司	26%	超过50%

资料来源：Deloitte《基于全球服务业和零件管理调研》报告，2010年8月。

目前，大型跨国企业纷纷凭借资金、技术、人才、市场等多方面优势，积极寻求服务化发展，加快由生产型制造向服务型制造转变；通过制造与服务的融合创新、流程再造等，实现差别化竞争，开创新的利润来源，培育开发企业竞争新优势。制造业服务化已成为跨国企业的重要特征。通用电气、耐克、IBM、RR（罗尔斯-罗伊斯航空发动机公司）、卡特彼勒、米其林等国际知名企业率先实现了由生产型制造向服务型制造的全面转变，开创了制造企业服务化的先河，为全球制造企业的转型发展提供了成功经验。根据剑桥大学对全球上市公司制造业企业的调查（见表4），全球制造业提供的服务类型包括产品设计和研发服务、系统解决方案服务、零售和分销服务、维修和支持服务、安装和运行服务等，且来自服务的营收占比逐年提升。通用、IBM、惠普等美国信息及制造企业的财务数据更直观地展现了这一趋势（见表5）。2014年，通用电气营业收入1 478亿元。其中，资本融资（融资租赁、个人贷款、银行卡、汽车贷款与租赁等）、家庭和商业解决方案、能源管理、运输服务等制造业服务领域的营业收入为334.69亿美元，占整体营业收入的43.36%，比2010年增长6个百分点。

IBM由全球技术服务部（GTS）、全球商务服务部（GBS）、系统与技术部、软件部和全球金融部四大部门构成。

表 4　全球上市公司制造企业提供的服务形式

序号	服务种类	服务收入占总收入比（%）	
		2007 年	2009 年
1	产品设计和研发服务	21.92	23.21
2	系统解决方案服务	15.7	15.92
3	零售和分销服务	11.94	12.33
4	维修和支持服务	12.18	12.14
5	安装和运行服务	5.1	5.35
6	金融服务	3.83	4.89
7	财产和房地产服务	3.89	3.8
8	咨询服务	2.69	3.37
9	外包和经营服务	1.07	2.06
10	采购服务	1.68	1.46
11	租赁服务	1.15	1.18
12	运输服务	0.2	0.19

资料来源：根据剑桥大学对全球上市公司财务分析库(OSIRTS)中排名前 50 名的制造业企业调查结果整理而成。

表 5　美国部分信息、制造企业在服务领域的营业收入占比（%）

企业名称	业务领域	2014 年	2013 年	2012 年	2011 年	2010 年
通用电气	汽车、装备	43.36	46.08	46.29	41.54	37.36
IBM	服务器、信息技术	61.42	59.12	58.19	58.24	58.74
欧特克	软件	71.45	73.11	100.00	100.00	100.00
陶氏化学	化工	35.00	25.00	23.39	21.43	19.07
网络存储技术	软件	37.65	35.38	32.46	34.27	39.43
摩托罗拉解决方案	通信设备	35.27	29.65	26.85	26.03	40.75
罗克韦尔自动化	工业自动化系统	56.05	57.04	57.78	57.66	56.76
艾利丹尼森	不干胶标签材料	25.14	26.24	25.42	24.90	23.37
福特汽车	汽车	5.76	5.14	5.72	5.94	7.50
惠普	打印机、计算机设备	30.83	32.09	32.18	31.08	30.14

数据来源：根据表中所列公司财务报表整理。

其中，全球服务部门为最大部门，主要面向全球提供 IBM 软件、硬件信息技术服务、商务程序服务，以及专业性服务与外购申请服务。2014 年 IBM 营业收入 927.93 亿美元。其中，全球性服务盈利 549.55 亿美元，占整体收入的 61.42%，较 2010 年增长 2.72 个百分点。惠普制造服务收入来源主要分为打印机技术服务、企业基础设施外包与应用程序服务、业务流程外包、金融服务、企业投资等板块，2014 年惠普整体营业收入为 1 114.54 亿美元。其中，制造业服务领域营业收入 343.6 亿美元，占整体收入的 30.83%。[3]

制造企业向产业链上下游服务延伸

面对信息技术硬件市场的激烈竞争，许多跨国集团逐步剥离硬件制造部门，转向信息技术产业后端高附加值领域的整体解决服务提供商。例如，IBM 公司先后剥离了硬盘、PC 机、打印机、X86 服务器、芯片等硬件制造部门，仅保留了大型服务器、超级计算机、专业图形工作站，以及少量的存储设备等生产部门，转向 IT 技术解决方案和软件服务提供商，并围绕物联网、大数据等云服务平台的整体解决方案实施战略布局。

汽车、LED 照明、医疗、机械、电气设备等行业以“互联网思维”推动整体业务向产业链后端转移。例如，1999—2011 年，飞利浦公司围绕 LED 全产业链实施全球布局，转向 LED 照明业务的后端整体解决服务商；其上游企业并购了 Lumileds、Bodine、TIR 等光源及部件企业，中游企业重组了 Genlyte、LTI、Teletro 等控制元件企业，下游企业兼并了 Selcon、Liti Luce、Burton Medical、Optimum Lighting、Color Kinetics 等应用环节企业。2014 年，飞利浦公司以智能互联模式颠覆原有照明系统，相继开发出 CityTouch 远程道路照明管理系统、颠覆性的 POE 智能互联办公照明系统、可搭载苹果手表的智能互联照明系统、Teletrol 等首创性智能照明系统；通过云端远程监测控制系统，实现照明智能互联、能源管理和能耗计量等能源管理整体解决方案。以此为契机，飞利浦公司推出 EcoPro 合同能源管理一站式解决方案，全面将照明业务产业链延伸至合同能源管理领域。

[3] 以上数据来源于惠普公司财务报表。

制造企业面向客户需求提供整体解决方案

根据发达国家制造业的转型经验，早期制造企业盈利主要集中在产业链的核心硬件和系统集成环节，主要表现为以产品为导向的“产品+服务”模式；随着产业核心制造环节的竞争加剧，制造业从以产品为导向的服务模式向以客户需求为导向的服务模式转化，其服务涵盖了商业咨询、方案设计、系统集成、金融服务、运营服务等环节的整体解决方案。例如，IBM 公司、戴尔公司、微软公司及华为公司等都已向提供整体服务方案转型。

新一代信息技术成为制造与服务融合的重要推动力

以物联网、云计算、大数据、嵌入式仿真、高性能计算等为代表的新一代信息技术的进步，打破了制造业与服务业的原有边界，新的制造业商业模式应运而生。为了有效塑造未来发展竞争优势，以美国、欧盟、日本等为首的发达国家和地区积极推动工业物联网战略布局。自 2011 年以来，美国先后颁布并实施“先进制造伙伴计划”及“总统创新伙伴计划”，将基于物联网的网络物理系统“工业互联网”作为战略支撑点，提出建立涵盖物联网、工业云计算、大数据应用等新一代高效动态智能系统。欧盟已形成涵盖战略框架、技术路线、行动方案等方面的物联网政策体系，并以创新型联盟等形式推动物联网向多领域渗透。欧盟在《第七科研框架计划》中明确提出“云制造”（Cloud Manufacturing）概念。德国则在其“工业 4.0”中提出，将信息软件、传感器、通信系统嵌入等物联网技术嵌入至制造业，提升制造企业智能制造与智能服务水平。日本于 2015 年 1 月启动《机器人新战略》，对物联网实施战略布局。其中，相关工作重点包括梳理物联网升级新制造模式示范案例、探讨标准化模式，以及调研物联网与信息物理系统（CPS）在智能工厂中的应用潜力等。韩国先后推出 U-Korea、REID 先导计划、REID 全面推动计划，以及 USN 领域测试计划。其中，REID 推广战略重点在医药、服装、汽车、家电、物流、食品加工等领域。

三、制造业与服务业融合的路径分析

目前，服务型制造发展与创新呈现出专业化、协同化、集成化、智能化、精益化、定制化、网络化等多元化趋势[4]。我国制造企业应沿此路径，加快转型升级步伐，实现提质增效发展。

大力发展基于制造的专业社会化服务

随着以客户为中心的商业模式逐渐取代以产品为中心的商业模式，一批具有核心技术和专业优势的制造企业，逐步依托自身资源和核心优势，发展面向行业的研发设计、检验检测认证、售后服务等专业性服务，形成专业社会化服务模式。

应积极鼓励具有核心技术优势的制造企业，通过进一步充实研发团队、促进产学研协同、客户和供应商参与研发等多种途径，强化研发与设计能力，

[4] 李　燕，我国服务型制造发展的路径分析，《机器人产业》杂志，2015 年 9 月.

确立核心技术和知识产权优势，对外开展专业的研发与设计服务；引导电子设备、仪器仪表、电气机械、专用设备等行业制造企业，积极发展面向市场需求的产品测试、检验、计量，以及节能环保、信息技术等专业服务，支持其由传统设备制造企业向提供专业社会化服务的平台服务企业转型。

推广制造业流程外包

经济全球化的深入发展及信息技术推动下的产业组织模式变革，使得全球制造业分工日益专业化和精细化，单个制造企业从事全部产品开发和生产的模式已不再必要。更多企业选择专注自身优势生产活动，而将制造流程的某一环节外包给其他服务企业，通过企业间更紧密的分工协作方式完成零部件生产，以及加工和组装等环节，以更低成本、更快反应速度赢得市场竞争优势。在制造流程外包和协同生产模式下，企业之间互相提供服务，互为服务生产企业，在动态协作中实现制造资源配置的优化，形成协同制造网络化分工。

我国政府应引导和支持制造企业在核心业务基础上发展零部件外包、业务流程外包、协同设计和制造模式，采购专业化社会化的研发设计等生产性服务，籍此实现分散的制造和服务资源的整合，构建具有竞争力的中国制造平台网络。

促进制造业协同创新

以云计算、物联网、大数据等为代表的新一代信息技术的快速发展，有效破解了科技创新的“信息孤岛”，以及资本、人才等创新资源的区域壁垒，大大缩短了颠覆性技术变革的周期，制造企业前端研发设计环节逐渐从单一封闭式研发转向开放型、协同创新模式。

建议重点推广以下三种主要的协同创新模式。

1．“天使+孵化”模式

大型企业与孵化器相融合可增强企业创新的外在动力与资源利用率，实现内部创新资源与外部创新要素的相融相通，对企业技术创新起到强有力的催化作用，产生 1+1>2 的效果。我国大型互联网企业，如阿里巴巴、京东、腾讯、百度，以及电信运营商中国电信、中国联通等都先后成立了“天使+孵化”创新平台，例如百度开发者创业中心、腾讯众创空间、中国联通移动互联网创业中心、中国电信创新孵化器、“阿里云”移动互联网孵化平台等。

2．开放式创新平台模式

海尔 HOPE 开放创新平台、青岛 3D 打印创新服务平台等都是开放式创新平台模式。海尔公司作为传统的家电制造企业，其优势在于整合制造、供应链及渠道维护，但也存在新产品决策流程复杂、创新动力不足等问题。中小科技企业作为创新主体，容易催生颠覆性技术与产品，但是，如果缺少有效的创新平台与公司运营经验，很难将科技创新转化为商业成果。借助海尔的 HOPE 平台，中小科技企业和创业公司可以充分利用海尔的商业渠道与生产制造能力快速实现创新成果孵化，海尔也可获得可持续的创新源泉。到 2015 年 6 月，海尔 HOPE 平台已经拥有超过 10 万家资源注册用户，聚集了一大批技术创新领域的专家、中小科技企业、创客和创业者。类似海尔这样的传统企业，均可以在平台上发布技术需求，提交技术方案，寻求合作，或者寻找创意灵感，以及组建创业团队。

3．与研发机构的协同创新模式

与研发机构的协同创新模式是德国弗劳恩霍夫研究院的产学研模式，能有效推动科技创新资源在政府、高等院校、研发机构、企业之间的整合，实现科技创新、孵化、融资、运营管理等科技创新全链条服务模式，并由此诞生诸多新型协同创新研究机构与网络。我国类似的协同研究机构有华大基因、深圳光启高等理工研究院、北京协同创新研究院、华中科技大学东莞研究院等。

发展基于“互联网+”的智能服务

大数据、云计算、移动互联网等的快速发展，直接推动了我国传统制造业的商业模式转型，包括家电、食品、农副产品加工、服装、纺织等行业企业均加速了向服务型制造转型的步伐。例如，海尔集团推出“网格化门店+家居定制”的 O2O 模式，好孩子公司实施“网上商城+母婴产品+婴幼儿教育”模式，京东商城提出“大数据+商品+服务”的 O2O 模式，农副产品加工业实施“农产品体验园+网上商城+冷链物流”模式。此外，纺织服装、新材料等行业也向柔性制造模式转型等，例如，在服装制造领域，红领集团推进设备智能升级，实现数字化 3D 打印模式，初步建立了研发设计程序化、自动化、市场化智能体系，其计算机系统建模和智能匹配可满足 99.9%消费者的个性化需求；实施个性化定制，通过数字化 3D 打印模式实现全球客户 DIY 自主设计，客户自主决定款式、工艺、价格、交期和服务方式；实施跨境电子商务 C2M+O2O 直销模式，在服装行业总体处于经营困难的情况下，红领集团的产销和利润均实现了成倍增长。

加强全产业链布局

随着制造业与服务业的进一步融合，产业分工日益细化，价值链不断分解、整合与重构，相关增值环节由核心产品向整个产业链拓展，研发设计、供应链管理、运营、销售、后端服务等环节的增值比重逐步提升。为了拓展产业增值与利润空间，增强企业的市场竞争能力，越来越多的制造企业开启全产业链布局，例如我国农副食品加工、新能源领域、信息技术等领域的制造企业。

随着我国医疗改革深入，医疗行业资源加速整合，单一产品生产销售转向“产品+医疗器械+物流+服务”。例如，爱尔眼科构建起“医药+耗材+眼科专科门诊”，威高集团转变为“血透耗材+血液透析中心”的血液净化服务提供商。

开展产品全生命周期管理

产品全生命周期管理（PLM）是指企业从产品需求、规划、设计、生产、经销、运行、使用、维修保养到回收再利用处置等产品全生命周期的运营管理。

当前我国制造企业由单一产品售后服务转向全生命周期管理模式，主要集中在汽车、家电、医疗器械、机械装备、电气设备等传统产品集成制造企业，以及环保装备、机器人、航空航天装备、海工装备等战略性新兴产业，产品服务模式逐步由简单的“产品+服务”过渡为全生命周期管理模式。例如，陕汽集团建立了“天行健”车联网服务系统，为客户输出车辆位置查询、车辆运行状态监控和车辆油耗、驾驶人行为分析、车辆运营分析等 56 种定制报表；提升客户的精细管理能力，提供车辆管理、行车路线区域管理、燃油和货物管理、驾驶人管理、运营管理等多项服务；以及为客户提供定制化的产品、服务、金融、市场等综合解决方案，提供融资租赁解决方案等具有个性化的服务形式；配合经销商、服务商、能源供应商、物流企业进行包括二手车服务在内的全方位综合服务。

发展基于核心技术和品牌的网络化制造

网络化制造指制造企业聚焦于核心技术和品牌，通过整合制造资源，外包生产加工环节，形成生产制造网络，而自身发展成为轻资产的产品和综合服务提供商。网络化制造不是“去制造化”或单纯地转向服务，而是制造企业强化核心技术优势和品牌影响力，最大限度地实现价值增值的重要途径。

我国应大力支持有条件的制造企业通过灵活高效的供应链信息系统、物流配送体系等，构建包括供应商、加盟商、分销商与企业自身的产业链联盟，快速响应客户需求，形成引领行业发展的服务型制造生态体系。

四、我国制造业与服务业融合问题分析

对制造业与服务业融合的模式与路径不明晰

发达国家早已完成向精益制造的转变，产业集中度普遍较高，以大型跨国集团为主。我国尚处于工业化中期向后期加速过渡的阶段，制造业由粗放型发展模式向精益制造转变，产业集中度较低。制造业所处的发展阶段、产品结构层次的不同，以及产业组织结构的差异决定了我国与制造业发达国家在制造与服务融合的生态体系方面可能存在很大不同。因此，也很难对发达国家进行简单模仿。我国需要对制造业与服务业融合的实际情况与特点进行

系统全面的深入分析，形成高可信度的数据资料，以形成符合自身演进路径特点的指导性政策。

制造与服务融合支撑体系尚未形成

国外许多企业都是通过掌握服务化发展的关键技术，才成功实现转型。例如，作为行业内领头的IBM、罗尔斯-罗伊斯等著名跨国企业，它们的主营业务并非简单制造，而是依托制造提供集成化的产品服务和系统集成解决方案，掌握着服务化发展的关键。我国制造业基础能力薄弱，企业整体技术水平偏低，很多企业尚处于价值链中低端环节，缺乏核心关键技术。我国许多关键制造领域的企业自主研发能力不足，不少关键基础材料、核心基础零部件及元器件严重依赖进口，重大技术装备的系统集成能力不强。根据中国机床工具工业协会的数据，我国95%的高档机床数控系统仍依赖于进口。关键技术是制造企业提供差异化、个性化集成服务的重要技术支撑。关键技术的缺乏将导致企业很难提供行业独占性的产品和服务，直接影响到企业向服务型制造转变的程度和效果。

制造企业自主开展服务创新动力不足

AndyNeely公司对全球13 000多家制造业上市公司所提供的服务进行了调查，结果发现，在美国、芬兰、马来西亚、荷兰和比利时，制造与服务融合型企业占制造企业总数比例分别为 58%、52%、45%、40%和 37%，而我国具备服务型制造能力的企业仅占所有企业的 2.2%。[5]受传统粗放式发展模

[5] 安筱鹏，服务型制造：制造业崛起的必由之路，《中国电子报》，2009 年 8 月 4 日.

式和思想的影响，我国制造业长期四“重”四“轻”，即重规模轻质量、重速度轻效益、重批量生产轻个性化定制、重制造轻服务。制造企业开展服务业务，增加服务投入，拓展新兴业务，不仅需要大量前期资金和技术投入，短期内无法收回成本，面临诸多不确定性；而且，制造服务化风险较大，包括技术的市场风险、技术开发风险、经营风险等。许多制造业企业，特别是中小企业实施服务化转型面临资金和技术瓶颈，处于“无心转、无力转、无处转”的境地。

制造与服务融合的政策环境尚需完善

目前，我国制造企业服务化转型仍然存在制度性障碍，存在准入、税收、金融等方面的政策制约。例如，前置审批与资质认定项目较多，审批程序仍然较为复杂；企业服务外包存在重复计税现象；服务业供地量少且价高，不利于制造企业开拓服务业务；制造服务化前期需要投入大量资金，而相应金融、财政支持政策尚未建立，服务化转型融资得不到保障；生产性服务业和服务型制造缺乏统计指标，尚未建立起全社会统一的服务型制造统计口径和标准。

五、促进制造业与服务业融合的政策建议

开展服务型制造典型模式示范推广

加强系统全面的调查研究，分析总结全国范围内装备、原材料、消费品、

电子信息等不同行业、企业开展服务型制造的现状，结合不同行业、不同企业服务型制造的典型模式和成功经验，进行系统的宣传推广。通过召开现场会、专家辅导、系统推介等方式，让广大制造企业增进对服务型制造的认识和了解，增强向服务型制造转型的方向性和指导性。

加强企业服务型制造基础能力建设

推动企业通过产学研协同创新联盟、研发外包、合作设立研发中心等多种形式提高技术水平，提升企业产品核心竞争力。支持有条件的企业将企业内部技术研发模块独立化、法人化，承接第三方的研究与工业设计、质量检测、研发设备租赁等服务。鼓励地方产业园区强化共性技术服务功能模块建设，以设立产业协同创新研究院、工业设计公共服务平台等形式推进产业链核心技术、关键共性技术研发；鼓励依托国家重点研究机构、高等院校、重点实验室设立如新型协同创新研发机构，承接企业研发任务。推动制造企业流程再造，优化工艺流程、生产流程、管理流程、物流流程等功能模块，实现向智能制造和智能服务转型，强化企业质量管理、品牌建设、精益制造能力。

大力支持基于互联网的商业模式和服务模式创新

鼓励传统制造企业应用大数据、物联网、移动互联网等信息技术实施C2B（个性化定制）、O2O（线上线下）、B2C（直销）等商业模式创新，支持企业建立云服务平台，实施在线咨询、监控、故障诊断等服务，并向客户提供月诊断、特殊故障分析、紧急故障事后处理、特殊状态运行的建议报告；

推动企业拓展服务功能包，由简单的、分散的服务扩展至需求方案、产品研发设计、设备集成、运营、维修保养，以及再制造等产品全生命周期管理。积极推动有条件的企业围绕先进制造业以兼并重组、众包、产业联盟等形式整合产业链上下游产业，提升总集成、总承包能力；积极推进医疗、环保、信息技术、能源装备、新材料等战略性新兴产业等产品集成企业向产品设计与研发、方案咨询、系统设计、系统设备提供、系统安装与调试等整体解决方案服务商转变，并向项目规划设计、设备集成、施工、运营管理、维护等一体化工程总承包商转变。

完善制造业与服务业融合政策体系

放宽制造生产服务业准入标准，简化行政审批手续，支持制造企业开展融资租赁和消费信贷、工程和设备总承包等相关业务。扩大高新技术企业认定范围，增强服务模式和应用模式创新与科技创新同等重要的认识，对产品全生命周期管理、整体解决方案、工程总集成总承包等服务模式创新企业给予一定的优惠政策支持，完善支持创新的普惠性政策体系。完善制造企业融资渠道，鼓励金融机构为制造企业围绕产业链上下游实施的兼并重组、创新孵化器，以及云服务平台建设提供股权质押、贴息贷款、知识产权质押等相关金融服务。支持有条件的地方政府建立服务型制造专项基金，重点提升制造企业个性化定制、整体解决方案、产品全生命周期管理、工程总承包、云服务平台建设等能力。营造公平竞争环境，弱化制造业与服务业的行业政策标准，优化制造业由生产型制造向生产服务型制造转变的用地政策。

6

机械工业服务型制造转型的实践

朱森第[1] 蔡惟慈[2] 惠 明[3] 高英杰[4]

1 中国机械工业联合会顾问、国家信息化专家咨询委员会委员，教授级高级工程师；

2 中国机械工业联合会特别顾问，教授级高级工程师；

3 中国机械工业联合会，咨询服务与专家工作部副主任，教授级高级工程师；

4 中国机械工业联合会，咨询服务与专家工作部主管，工程师。

一、推进机械工业服务型制造转型

我国机械工业规模大，发展历程长、产品门类广、企业数量多，是工业的支柱性产业。改革开放后，随着市场经济的发展，制造企业从以生产为中心逐步转移到以客户为中心，服务意识不断加强，服务从产品的附庸转变成产品的主要内涵，其服务部门得到重视并发展壮大，在为客户创造价值的同时也为企业带来了较好的收益，出现了一批以服务增强核心竞争力的企业。服务型制造从自发到自觉，从出售产品到出售以产品为载体的服务，涌现出多种类型的服务型制造产品和模式。

推进机械工业服务型制造的发展历程

推进机械工业服务型制造的发展历程大致可分为三个阶段。

1. 酝酿探索阶段（2007 年以前）

1985 年 8 月 22 日，国务院印发了《十二个领域技术政策要点（草案）》（国办发[1985]56 号），在“机械工业若干技术政策要点（草案）”部分，明确提出“发展工程咨询服务业务”。

伴随生产的发展，以及 2001 年我国加入世界贸易组织（WTO）后同国外企业更为广泛的交流，我国机械工业以“现代制造服务业”为代表的“服务型制造”理念逐渐形成。

针对我国同发达国家在机械工业领域存在较大差距，原中国科学院院长、中国机械工程学会理事长路甬祥在 2002 年的中国机械工程学会年会上提出，“当今的制造业正在转变为某种意义上的服务业，今天的制造应包括从市场调研开始到售后服务直到产品报废回收全过程，应高度重视培育和发展新型制造服务业[2]。"

2003 年初，时任中共中央政治局委员、广东省委书记张德江提出邀请国家权威机构开展广东省若干产业竞争力的研究工作。中国机械工业联合会接受广东省委、省政府委托，承担了广东省机械工业产业竞争力的研究任务，在《广东省机械工业产业竞争力研究》报告中，针对广东省机械工业发展实际情况，提出"广东省应该加速发展现代机械制造服务业"，并提出"建设物流中心、信息中心、服务网络、为用户提供全面解决方案"等服务业务模式，对服务型制造的相关业务模式进行了探索。

2004 年，中国机械工业联合会与东风朝阳柴油机股份有限公司、上海虹鑫物流公司合作，进行供应链管理优化的试点；经过三年试验，理顺了"进厂物流—上线物流—出厂物流"的物流管理流程，在没有扩大生产规模的前提下，提升了生产能力和劳动生产率，实现了按订单生产，在制品量、整机库存量逐步下降，物流费用降低，产生了良好的经济效益。

在进行机械工业企业供应链管理优化的同时，中国机械工业联合会还对省市机械协会联动推进作了探索。2005 年，中国机械工业联合会在江苏省江阴市开发区，开展整合企业物流、实现准时化供应、提高企业竞争力的推进工作；并邀请山东、安徽、浙江机械工业协会（联合会）的有关单位，进行"4（江苏、山东、安徽、浙江四省）+ 1（中国机械工业联合会）"的联动推进工作。

除机械行业协会外，部分机械工业企业，如陕西鼓风机、杭州制氧机、苏州试验机等企业也自发开展服务业务，进行服务型制造的初步探索。

2006 年，中国机械工业联合会开展《大力发展现代制造服务的途径研究》的课题研究，对现代制造服务业的概念、涵义进行了界定，指出我国推进现代制造服务发展的重要意义，初步总结了世界现代制造服务业发展概况、趋势，以及国外制造企业发展现代制造服务的典型案例，对我国现代制造服务业发展现状进行评价，列举出工程成套、物流服务等典型模式，最后提出促

---

[2] 路甬祥. 团结奋斗开拓创新建设制造强国[R]，北京：中国机械工程学会，2002.

进机械工业现代制造服务发展的建议。

2．着力推进阶段（2007—2013 年）

在总结经验的基础上，2007 年 11 月，中国机械工业联合会在上海召开“加快推进现代制造服务业工作会议”提出“把现代制造服务业作为一项长期任务，坚持抓下去”。上海电气股份有限公司、陕西鼓风机集团、东风朝阳柴油机有限公司、上海虹鑫物流有限公司、上海标五高强度紧固件有限公司等单位在会上做了交流发言。参会人员现场考察了上海标五高强度紧固件有限公司等上海地区发展现代制造服务业的典型企业。通过这次会议，与会人员对现代制造服务业有了更为深入的理解，充分认识到发展现代制造服务业的重要性，明确把发展现代制造服务业作为振兴装备制造业的重要战略任务，初步形成了各地区、各单位加快发展现代制造服务业的想法和思路。会议成果对我国机械工业发展现代制造服务业具有重要的导向意义。

2008 年 5 月，中国机械工业联合会牵头组织对德国、意大利等欧洲国家装备制造企业开展现代制造服务业的做法和模式的考察学习。综合 2008 年欧洲考察和国内的调研情况，2008 年 11 月，中国机械工业联合会在武汉市组织召开了“加快发展现代制造服务业经验交流会”，邀请全国代表共同交流和探讨如何加快发展现代制造服务业的做法。华中科技大学、中冶南方工程技术有限公司、武汉凯迪电力工程有限公司等单位代表各自阐述了他们对发展制造服务业的认识和具体做法，以及实践中的经验和体会。

中国机械工业联合会利用各种会议、论坛、企业调研、专题座谈等多种形式，发现典型业务模式、示范企业，并就所了解的典型企业的做法与案例进行交流，使行业内企业了解到更多的先进经验和更好的业务模式。

中国机械工业联合会专家委员会先后开展了《发展现代制造服务业途径的研究》、《现代制造服务业产业政策研究》、《现代制造服务业术语和标准框架》等课题研究，在机械工业全行业进行企业发展现代制造服务业情况调查，对现代制造服务业务类型进行了全面梳理和总结，收集整理典型案例，并对企业制造服务业务占主营业务收入比例进行统计分析。中国机械工业联合会在工作部署中，提出将供应链管理优化、工程总承包、融资租赁等作为“十二五”期间机械工业由生产型制造向服务型制造转型的重点。

中国机械联合会还对沈阳铁西区开展服务型制造的战略和工业园区生产性服务业发展思路进行了研究，提出老工业基地发展现代制造服务业的路径，对我国工业园区发展生产性服务业提出了建议。

为进一步推进机械工业服务型制造的发展，中国机械工业联合会专家委员会进行了《现代制造服务业术语和标准框架》的研究，探讨现代制造服务业的范畴和内涵，及相应的标准框架，以求在机械工业行业范围内形成较为统一的认识，引导装备制造业及其他行业企业开展现代制造服务业业务。中国机械工业联合会牵头编制装备制造业领域关于服务型制造的行业术语标准，经过多次研讨会听取专家意见，最终形成了装备制造领域服务型制造的第一项标准《现代制造服务业装备制造业术语》。

发展现代制造服务业，加快从生产型制造向服务型制造转型，已经成为我国机械工业企业的共识，促进了各类制造服务业务的活动探索。经过发展，一批企业已经取得相当成绩，并可以作为典型示范企业在机械行业内进行示范和推广。2012 年，中国机械工业联合会以相关专业行业协会和专家推荐的方式，通过行业调研和行业专家联合审定，最终确定上海电气（集团）总公司等 15 家企业为机械工业第一批现代制造服务业示范企业，并召开“机械工业现代制造服务业推进大会”，进行业内经验交流。

3. 快速发展阶段（2014 年至今）

经过 10 多年的探索与发展，发展现代制造服务业，实现由生产型制造向服务型制造转型，已经得到我国机械工业企业的广泛认同，越来越多企业已经自觉自发地开展制造服务，形成机械工业未来发展趋势。

在《中国机械工程技术路线图》[3]中明确、清晰地提出了面向 2030 年机械工程技术发展的“绿色、智能、超常、融合、服务”五大趋势。2014 年 7

[3]《中国机械工程技术路线图》由中国机械工程学会第九届理事会路甬祥理事长倡导，由中国机械工程学会负责路线图的研究与编写。编制工作于 2010 年 9 月开始，2011 年 8 月出版，共有包括 19 名两院院士在内的 100 多位专家参与了编制工作。《中国机械工程技术路线图》对面向 2030 年的机械工程技术发展进行了预测和展望，提出了面向 2030 年机械工程技术发展的“绿色、智能、超常、融合、服务”等五大趋势和“智能制造装备、数字化工厂、高速精密加工技术”等八大机械工程技术问题。

月，国务院出台《关于加快发展生产性服务业促进产业结构调整升级的指导意见》，对推动机械行业发展服务型制造起到引导和极大的推进作用。2014年11月，中国机械工业联合会联合20家企业成立了中国生产性服务业创新联盟。2015年，《中国制造2025》颁布，其中，“积极发展服务型制造和生产性服务业”成为制造强国建设的九项战略任务之一。服务型制造将进入一个快速发展阶段。

推进机械工业服务型制造的成效

1. 广泛认同服务型制造理念

经过10多年的探索与推进，机械工业企业对于由生产型制造向服务型制造、促进产业转型升级，已经广泛认同。目前关于服务型制造的基本理论、业务内容、国家标准、分类统计等方面有待进一步研究探索，以形成较为权威与统一的认识。在国家先后发布实施的《关于加快发展服务业的若干意见》、《工业转型升级规划（2011—2015年）》、《装备制造业调整和振兴规划》、《关于加快发展生产性服务业促进产业结构调整升级的指导意见》，以及《中国制造2025》等一系列文件的指引下，机械工业企业对于服务型制造的主要方向和典型业务领域有了较为系统的认识。服务型制造的理念已深入人心，创新业务模式已普遍流行，机械工业由生产型制造向服务型制造转型，由单纯提供“产品”向提供“产品+服务”转变，由单纯买卖转变为向客户提供解决方案，已成为企业共同的行动。

2. 涌现服务型制造典型业务模式与典型企业

在市场需求、政策引导、行业推动下，一批行业龙头企业在服务型制造转型方面进行了富有成效的探索；机械工业服务型制造呈现出积极的发展态势，出现多种服务型制造典型业务模式。机械工业企业结合产品特点及客户需求，在提供除基本产品与售后服务之外，同时提供第三方检测服务、供应链管理优化、工程总承包、整体解决方案、零部件定制服务、融资租赁、长期协议服务、呼叫中心等基于网络的内容服务、设备更新改造、软件定制开发与应用、再制造等一系列典型的服务业务。由单纯的产品生产制造向产品全生命周期延伸，由单纯的产品提供商向服务提供商延伸。

经过多年探索与推进，机械工业涌现出一批服务型制造转型的典型企业。2012 年，经由机械工业各专业行业协会和专家推荐，经行业调研及联合审定，上海电气（集团）总公司、济南二机床集团有限公司、沈阳鼓风机集团有限公司、西安陕鼓动力股份有限公司、杭州制氧机集团有限公司、中联重科股份有限公司、苏州苏试试验仪器有限公司、中钢集团邢台机械轧辊有限公司等 15 家企业成为机械工业第一批现代制造服务业示范企业。这些示范企业在加快行业和企业转型升级、转变发展方式、加快机械工业由大到强进步、由生产型制造向服务型制造转型升级的过程中，发挥了行业示范和引领作用。

3. 提高企业服务性收入占主营业务收入比重

中国机械工业联合会分别于 2009 年和 2014 年对部分机械工业企业进行抽样调查，2009 年机械工业 80 家骨干企业的服务性收入占主营业务收入比例平均为 8%；2014 年 198 家机械工业重点企业的服务收入占主营业务收入比例约为 10%。其中，6%企业的服务收入占总销售收入比例超过 20%[4]；与 2009 年相比，该比例有较大提高。随着认识的不断加深，服务模式和服务水平的不断提升，我国机械工业企业的服务业务对企业收入和利润的贡献都有所提高。

总体而言，我国机械工业企业开展服务业务仍处于起步阶段，在业务水平、服务收益、服务影响力等方面同发达国家先进装备制造企业相比还存在

[4] 数据来源：中国机械工业联合会，德勤（Deloitte）.《2014 中国装备制造业服务创新调查》，网址：http://www.deloitte.com/cn/zh/pages/manufacturing/articles/china-industrial-machinery-service-innovation.html

较大差距。

二、机械工业企业服务型制造转型探索

我国机械工业企业在服务型制造转型中，逐渐形成了几种较为典型的类型，例如战略转型、工程总承包、连锁经营测试业务、按功能时间计费、融资租赁、供应链管理优化等；下面以案例方式加以说明[5]。

战略转型——西安陕鼓动力股份有限公司

成立于 1999 年 6 月的西安陕鼓动力股份有限公司（以下简称“陕鼓”）是以陕西鼓风机（集团）有限公司，以生产经营主体和精良资产为依托发起设立的股份公司，是陕鼓集团的全资子公司。

该公司成立后，面对着越来越大的市场困境，企业市场地位下降、成本压力上升和传统市场需求饱和，而人工成本、原材料成本和能源成本却不断上升，同质化竞争日益激烈；为此，公司提出“两个转变”的发展战略，即从提供单一产品向能量转换领域系统问题的解决方案商和系统服务商转变，以及从产品经营向品牌经营、资本运作转变。

为实现战略转型，该公司着力打造能量转换设备制造、能量转换系统服务、能源基础设施运营等“三大业务板块”，通过走专业化道路、解决产业链短板、占据价值链高附加值环节、外包低附加值业务等方式，实现战略转

[5] 注：本节关于“机械工业企业服务型制造转型探索”的案例、做法、相关数据均由各案例企业提供。

型升级，攫取差异化与高附加值的竞争优势，取得了超出预期的成效；具体从六个方面入手。

1. 认准高端环节，实施差异化经营

价值链不同环节的附加值有很大差异。随着生产技术的发展，制造环节竞争越发激烈，利润微薄；只有进军价值链高端环节，才能获取更好的经济运行质量和规模效益水平。

2. 狠抓研发创新，掌握主导产品和系统技术的主导权

拥有能够满足市场需要和自主知识产权的核心关键技术是公司制造出具有市场竞争力的产品、形成不可替代和能奠定企业市场供应链主导地位的关键，也是实施高端经营战略的基础。研发，尤其是核心技术的研发，是实现战略转型升级的重要途径，包括对主机技术进行高强度研发，形成不可替代的核心产品，以及对系统技术和关联技术的高强度研发，整合上下游和控制产业链。

3. 直接面对终端市场，深度研究客户需求

陕鼓认为提供给客户的，应该是风机产品和配套设备、工程设施等，优化配置等形成的完整系统。企业产品就从单机变成了成套设备和工程总承包；除此以外，还应包括为客户提供交易前的融资服务，以及投产后的运营维护服务；甚至是整个送风功能的专业化外包服务，出售的不再是设备而是气体，即从“卖奶牛”转为“卖牛奶”。

4. 系统整合资源，提供专业化解决方案

企业认为，必须系统、深入、全面地了解客户的需求，为客户提供专业、全面、先进、经济，能够持续满足客户需求，真正有竞争力的专业化解决方案。

5. 打造企业诚信品牌

市场经济环境中，信用是企业永续经营的前提条件，是企业立足的根本。只有真正与各类合作伙伴做到诚信，才能实现资源共享、利益共享、风险共担的整体。

6. 打造现代服务体系

陕鼓公司构建了包括产品服务和金融服务在内的整个服务体系。产品服务包括投用后到报废回收全过程所需要的各类服务，即机组运行状态的监测、故障诊断、维修检修、备品备件、落后机组的升级改造等，也包括设施整体外包时的项目论证、方案制订、投资施工及运行维护。融资服务品种多样，主要解决客户资金短缺而无法启动项目的问题。

通过战略转型，陕鼓企业积极推进差异化经营策略，获得了较好的经济效益与竞争能力。

陕鼓企业通过服务战略转型，摆脱了单纯生产制造硬件产品的传统模式，成功走向依靠知识、智力与科技的高端之路，实现了市场订货的快速增长，其中涉及服务的订货占整体订货比重高达 28%。陕鼓企业的远程监测与故障诊断系统，作为拉动服务整体业务的重要手段。历经 10 年的推进，得到大量应用，并以此为中心建立起工业服务支持体系，被工信部、科技部树立为全国典型；其气体运营业务也成为企业上市的主体内容。

此外，沈阳鼓风机（集团）有限公司、杭州制氧机集团有限公司等企业和陕鼓企业一样，进行了类似的探索。

工程总承包——上海电气集团

上海电气集团是我国规模最大、实力最强的综合性装备制造集团之一，包括高效清洁能源、新能源、工业装备和现代服务业四大板块，涵盖火电、核电、风电、输配电、电梯、机床、工业自动化、关键基础件、节能环保等业务领域。

上海电气集团实施服务型制造较早。1985 年以“交钥匙”模式承接了海口电厂一期工程总承包项目，首次实现了由电站装备制造、设备成套、总集成等商业模式向工程总承包模式的转换。

依托发电装备制造的实力和优势，上海电气集团积极拓展以电站工程服务产业为中心的服务业务，包括工程总承包、系统集成与设备成套、安装维修保养、技术服务（设计、研发、检测、咨询）、产业金融服务（财务公司、融资租赁、保险经纪）等业务。其具体做法如下。

1. 内外结合、拓展国际市场

上海电气集团加大执行“走出去”战略，以 EPC 项目为国际化、全球化的发展载体，加快海外网点建设；以印度、中东等市场为重点，探索国际化分包模式；其市场已遍布巴基斯坦、印度、坦桑尼亚、伊朗、伊拉克等国。目前，70%以上订单来自海外。

2. 努力改进，形成核心优势

通过不懈努力，该企业已经形成工程总承包、设备总成套和按岛承包的核心竞争优势；在业务方面，已经向燃机工程、新能源项目、电厂运营管理拓展，可以为客户提供融资、运行维护及远程诊断等成套解决方案；在设备成套方面，已能从技术准备、设计优化、设备采购、设备制造到设备供货、安装、调试、运行、质量保证等方面提供一整套完善解决方案；在工程品牌方面，通过为海内外用户提供电厂工程总承包、电站设备总成套等优质服务，获得国内外业界广泛关注，并在国际电力市场上赢得较高声誉。

3. 专业机构，负责服务业务

上海电气集团专门设立了上海电气电站工程公司和上海电气电站服务

公司，前者专门提供电站工程建设服务，后者专门负责机组升级、环保改造、核电服务、远程诊断及技术培训业务等服务。

4. 产融结合，支持项目实施

上海电气集团组建了由上海电气财务公司主导的集团金融服务平台，从传统业务延伸出多元化金融服务，以融促销发挥优势，促进主业销售；并搭建了三个外汇管理平台，实现外汇集中管理，管控海外工程的汇率风险，推行海外合同的人民币跨境结算与计价，进一步提升集团海外资金管理水平。自 2012 年至 2015 年 9 月，共参与海内外项目融资数超过 50 个，有效支持了项目拓展合作、融资与实施。

5. “三个更加”，共建国际社区

上海电气集团在履行项目合同中，更加积极地进行全球化资源整合，更加主动地尊重国际规则和惯例，更加自觉地尊重项目所在国的法律、法规、宗教信仰和民俗习惯；从单纯关注客户，扩展到合作伙伴及相关利益方；从履行合同责任，逐步转向履行社会责任，不仅遵守项目所在国法律、信仰与民俗，而且还要求所有驻外人员学说十句本地问候语，参加一次民俗活动，为项目所在地社区提供捐赠等公益服务。

2014 年，上海电气集团实现营业收入 950 亿元，服务业务收入合计 240 亿元，占销售收入总额的 25%，品牌价值超过 500 亿元。其中，核心产品长期位列国内领先地位，并在国际市场占有一定份额；其电站工程公司营业收入超过百亿元，70%订单和营业收入来自海外。

上海电气集团在 2014 年度 ENR 全球最大 225 强国际承包商排名第 64 位，国内排名第 13 位，装备制造企业排名第 1 位。

此外，中国东方电气集团有限公司、哈尔滨电气集团公司、特变电工股份有限公司等企业也进行了类似的探索。

连锁经营测试——苏州苏试试验仪器股份有限公司

2008年，苏州试验仪器总厂引入战略投资，整体变更为苏州苏试试验仪器股份有限公司（以下简称“苏试”），主营业务是力学环境试验设备的研制生产，是我国试验设备制造行业的龙头和国际同行知名企业。

面对国内外激烈市场竞争和原材料价格、人力成本的逐步上涨，苏试响应国家“大力发展生产性服务业，加快制造模式向智能化、数字化、网络化和服务化转变”的号召，提出了试验设备制造和服务的“双轮驱动、转型发展”战略。在稳步发展设备制造的同时，积极发展制造服务，转型成为研发生产和环境与可靠性试验服务的企业。

1. 依托制造优势，延伸应用服务

苏试试验设备及服务的应用范围非常广泛，主要产品包括各类振动试验设备及其他力学环境试验设备，广泛应用于航空航天、电子电器、汽车、轨道交通等领域。随着国民经济快速发展、政府及企业研发投入的增长以及消费品市场竞争程度的提升，环境与可靠性试验需求的增长前景广阔，但试验需求及试验实施场所较为分散，且目前我国为社会提供专业试验服务的独立第三方专业实验室数量较少。

苏试以力学环境试验设备生产制造的技术和研发优势为依托，基于自身实力雄厚的振动试验设备制造业务向应用服务的延伸，为客户提供从试验设备需求到试验方案设计及试验服务提供的一体化环境试验服务解决方案，建立国内先进的专业第三方环境与可靠性实验室，主要为客户提供环境与可靠性试验服务。

2. 稳步发展制造，开展服务连锁

2009 年 10 月苏试全资成立了苏州广博力学环境实验室有限公司，作为一个专业从事产品的环境适应性和可靠性试验的综合环境实验的第三方实验室。该实验室提供了良好的经营业绩和成长性的示范引导作用。苏试依据该实验室的经验，以点带面，开展试验技术服务辐射，先后建立了北京创博、重庆广博、广州众博、上海众博等 7 家实验室全资或控股子公司。这些子公司各为独立法人单位，拥有独立管理团队、销售团队、技术团队和服务团队，初步形成了全国实验室连锁网络；由此跃上更大的环境与可靠性试验技术平台。

3. 借助资本市场，扩展实体产业

苏试从 2008 年开始走向资本市场，于 2015 年 1 月在创业板成功上市，成为行业内首家上市公司；其上市募集资金主要用于振动试验设备的技改扩产以及实验室网络建设；借助资本市场，为制造和服务的快速发展提供了一个更高的平台。

2014 年度，苏试实现主营业务收入 2.4 亿元。其中，试验服务收入为 0.74 亿元，占当年主营业务收入的 31%，试验服务毛利率 75%，试验服务业务对公司利润的贡献率约为 50%。

2015 年上半年，公司实现主营业务收入 1.28 亿元。其中，试验服务收入为 0.45 亿元，占上半年主营业务收入的 35%，试验服务毛利率为 72%，试验服务业务对公司利润的贡献率约为 70%。

此外，上海工业自动化仪表研究院、中国电器科学研究院有限公司等转制研究院所和企业也进行了类似的探索。

功能时间计费——中钢集团邢台机械轧辊有限公司

中钢集团邢台机械轧辊有限公司（以下简称“中钢邢机”）从事冶金轧

辊专业研发和制造已有 50 多年历史，曾多次为国内大型骨干钢铁企业进口的现代化轧机配套研发国产化轧辊，拥有多年冶金轧辊专业制造经验。其轧辊产品国内市场占有率 50%以上，板带及大型型钢轧机用辊市场占有率 70%以上，在国内轧辊行业中首屈一指，全球轧辊行业亦具有重要影响力。

为主动顺应钢铁行业结构调整、转型升级和提高市场竞争力，从 2010 年开始，中钢邢机进行了轧辊功能计价营销模式的积极探索和实践，即“配套供给、全线总包、功能计价”。

1. 配套供给

钢铁企业的一条轧线往往由几架、十几架、几十架轧机组成，各机架的工作任务、工作条件和工作环境各不相同，所需轧辊性能也各不相同。中钢邢机的轧辊品种已突破 250 种，它们是 100 多名技术人员 24 小时跟踪全球数百条轧钢生产线，针对不同使用条件而具体研发的。100 多名技术人员、数百条轧线、24 小时服务使公司积累了大量的使用技术及经验，成为行业内首屈一指的全套产品供给方案的解决者。

2. 全线总包

中钢邢机不仅制造全线产品，也为客户提供产品使用全过程中的技术服务与技术指导；通过全线在用轧辊的跟踪和监测，提出科学的修磨意见，动态制定每日、每班、每次、每架的配对及全线配置方案，延长轧辊在机时间，提高班产、日产和生产效率，提高钢材质量。

3. 功能计价

中钢邢机实行轧辊轧钢所发挥的作用和功能计价收费。中钢邢机依据轧线实际需求，确定整体产品需求计划按需按期生产交货；按照与客户的约定，确定现场轧辊周转库存，按照确定的轧辊交货数量，组织生产交货，并直接运抵现场；不但高效保障现场轧辊产品需求，而且同时解决客户库存管理，为其节省多工序环节的大量人力物力消耗，避免因数量错误、日期延误带来的生产风险或集中交货带来的库存压力和财务压力。

中钢邢机的服务收入占主营业务收入比例约为 15%，服务利润占总利润比例约为 5%；为产能过剩的国内钢铁企业节省开支，提供了更加专业便捷、产品更加适用、资金性价更高的整体轧系服务。

此外，沈阳机床股份有限公司等企业也在进行类似的探索。

融资租赁——中联重科股份有限公司

中联重科股份有限公司（以下简称“中联重科”）创立于 1992 年，主要从事建筑、能源、环境、交通等基础设施建设所需的重大高新技术装备的研发制造。2002 年，中联重科成立了中联重科融资租赁（北京）有限公司；2009 年，成立了中联重科融资租赁（中国）有限公司（以下简称“中联融资”）。

中联融资的承租人多为中小企业，它们缺乏足够的流动资金进行设备更新或维持基本运营，又因为规模小，银行贷款困难，导致很多企业消亡。中联重科融资租赁（北京）有限公司自 2007 年 5 月起操作融资租赁业务，便以支持中小企业发展作为重要目标。

中联融资在服务中小企业时，依靠强大的厂商背景，凭借对行业内客户及市场的深刻了解，依据客户过往的资产状况、经营能力和经营现金流，为客户设计出更匹配其实力的融资方案。

中联融资以务实的信用审查机制、灵活的还款方式、简便的手续，降低了中小企业融资的成本，“雪中送炭”，实现双方的共同发展。

1. 贷前审查

银行授信非常关注客户的财务报表及其他存量资信状况，融资租赁不仅要关注客户的资产负债情况，也要关注未来项目及其还款能力。中联融资根据不同的客户类型，提供不同灵活的融资还租方案，包括月付、季付等方式，还可不等额支付以匹配客户的现金流状况。

2. 贷中监控

中联融资通过保险管理，提供专业保险综合解决方案，确保信用销售设备在租赁期限内的全面覆盖，降低公司风险，同时辅以快捷高效的理赔服务。

中联融资在实践基础上自主开发和不断完善了融资租赁业务信息系统，已实现业务申请、资信调查、贷后管理的全业务流程信息化管控；并结合呼叫中心系统、物联网平台等，实现对十余万台、套产品的设备工况信息、故障预警、产品定位等运行监管。

3. 贷后救济

经过多年摸索，中联融资根据掌握的客户还款特点和风险控制，实行有效和有度的电话催收；深入分析不同客户征信等级的各项因素；将呼叫中心转变为综合服务类的平台，提供客户售前咨询、售后服务、风险监控、还贷催收，以及市场调研、客户需求调研等业务。

4. 全球布局

为配合中联重科的全球化战略，中联融资专门成立了海外发展部，对接国贸公司拓展融资租赁海外业务，为中联重科构建成熟、专业的全球金融服务体系，包括香港、澳大利亚、俄罗斯、意大利、美国、南非等境外子公司，助推中联重科海外销售，打造中联重科“设备供应+金融服务”的综合竞争优势形象。

融资租赁是与银行信贷、证券、信托、保险并驾齐驱的金融工具之一，现已成为中联重科有利的促销工具、重要的利润来源和全球化助推器。通过融资租赁，中联融资帮助中联重科高速增长，并有效解决中小企业客户“融资难”问题。2014 年，中联重科的服务收入占总收入比例为 29.7%；服务收入利润占总利润比例为 49%。2015 年 6 月，中联重科又成立了集团财务有限公司，标志着中联重科在产融结合方面又迈进了一步。

此外，徐工集团、三一重工股份有限公司、广西柳工机械股份有限公司等企业也在融资租赁业务方面较早开展探索。

供应链管理——东风朝阳柴油机有限责任公司

东风朝阳柴油机有限责任公司（以下简称“东风朝柴”）是集产品开发、生产、销售为一体的车用柴油机大型专业骨干企业，为东风汽车公司、江淮汽车公司等 100 多家汽车企业服务，已单机或随车出口到 40 多个国家和地区。

随着生产规模的不断壮大，东风朝柴逐步感受到，零部件供应周期长、库存占用量大、仓储面积紧张、生产周期长、市场反应慢等问题，是物流跟不上生产的发展。

2004 年 9 月，东风朝柴开展供应链管理，主要目标是有效整合零部件供应商、汽车主机厂商以及东风朝柴之间的物流网络，全方位实现资源合理配置，提高全运作过程的效率和效益，优化物流、信息流及资金流的集成管理。

1. 调整组织机构，整合内部物流流程

为适应供应链管理，东风朝柴在广泛调研生产、采购、销售后，将生产计划、零部件需求计划、生产调度协调进行统一管理，整合采购、仓储、发运等管理职能，成立内部物流公司，统一对公司供应链进行系统管理，以加快生产订单的快速反应，缩短工作流程，提高运作效率和市场反应能力，并模拟市场运行，为第三方外部专业物流公司接管准备条件。

2. 利用信息平台，提高信息透明度

东风朝柴将生产系统与销售系统进行有效连接，将供应链分段为进货物流、生产物流和出货物流；借助 ERP、CRM 等信息平台进行信息传递，使用户、主机厂、零部件供应商生产计划、订单、物料、库存等所有环节信息共享；提高整个供应链上运转效率，提高反应速度。

3. 优化零部件直供，实行运输整合

东风朝柴实现部分供应商产品直供，通过使用统一的运输车辆，采用循环取货方式，解决运输车辆集中供货的卸货困难和相互拥挤问题；通过优化物流供应链，优化直供物流，将 37 家直供供应商整合为 10 家进行供货运输。

4. 开展 TPS、QCD，提升整体质量

东风朝柴在班组活动中开展 TPS 与 QCD 改善活动，致力于在提升质量、控制成本基础上；缩短交货期，减低生产物流时间和压缩生产入库时间。

5. 实行生产配餐，顺畅物流环节

东风朝柴进行 12 种零部件总成件的采购工作；调整部分工序，进行物流策划；划分出投料区、配餐区、上线和下线工位；按照订单生产顺序进行逐台上线。

6. 扩展产成品直供，降低整机库存

东风朝柴在产成品直供试点基础上，扩展产成品向汽车厂商直供工作；严格按照汽车厂商要货计划进行组织排产，在计划、制造、物流等环节进行精心组织，实现产成品直供，减低装机库存量，降低生产资金的占用。

7. 加强仓储管理，整合库存物质

东风朝柴调整安全库存，实行安全库存动态管理；严格按照要货计划组

织入库，控制非计划进货量，及时处理呆货，精益库存量，减少库存资金和防止出现呆货的可能；采用立体货架进行仓储，提高库容使用量。

8. 优化业务流程，设计供应运作模式

东风朝柴不断优化业务流程，对内部各供应链环节进行摸底调查，量化时间，设计内部供应链运作模式，并运用 TPS 手段不断进行改善，逐步达到精益生产。

东风朝柴自开展优化供应链管理项目以来，实现工作流程简化，工作效率有了不同程度提高；在没有扩大生产规模时，生产能力不断提高；日均提高 40%，装配生产时间压缩 33%；改变以往按库存组织进行生产的方式，实现缸体、缸盖按订单生产，在制品数量逐步降低；整机库存量逐步下降，整机库存降低 17.5%；单台物流费用平均降低 19%；产生数百万元直接经济效益。

此外，捷富凯鸿泰武汉物流有限公司等企业也开展了供应链管理优化的工作。

三、推进机械工业服务型制造转型的关键因素

我国推进机械工业服务型制造转型的关键是树立正确的发展理念，建立完善相关体制机制和营造良好的外部环境，以及建立服务型制造转型的支撑体系和统计监管体系。

树立服务型制造转型的科学发展观

服务型制造是制造业先进产业形态，是制造企业面对市场环境应采用的

一种新的战略举措。大力发展服务型制造，对制造企业提质增效、推动制造业实现由大变强、形成产业竞争优势具有重要意义，是建设“制造强国”的重要战略途径。

发展服务型制造，首先须建立对于服务型制造的科学认识，树立服务型制造的科学发展观，才能够正确且富有成效地推进服务型制造。

服务型制造要求企业站在客户角度，努力为客户提供更贴近需求、更有利于客户节支增效的产品和服务，使客户得到更大使用价值,从而激发客户加快技术改造和采购新产品和服务的欲望，并增加制造订单，最终实现供需双方双赢；例如，机械加工设备制造业由通用向专用，进而走向定制和完整解决方案。

健全有利于服务型制造转型的生态环境

国家已出台一系列相关产业政策，初步建立起有利于服务型制造的政策体制，但仍在管理、评估、资质认证、监管体系等方面存在一些不足之处，有待完善。

例如，从事第三方检测、设计等新型服务业务的企业在工商注册时，很难在专业分类中找到对应专业；新的高技术服务企业很难申请税收优惠，因为高新技术企业评定标准不太适用于服务企业；对外高技术工程总承包项目的审批程序过于繁琐，给对外工程投标造成很大时间压力；中国工程标准缺少英文版，影响对外工程谈判。

中国机械工业联合会等社团组织也应充分发挥行业内信息交流与共享机制中的作用，引导市场规范秩序；打破地区分割，促进企业跨行业、跨区域合作，通过论坛、会议、树立标杆、典型示范等多种方式推动服务型制造发展。

营造良好的服务型制造转型市场环境

制造企业开展服务型制造转型需要与产品生产不同的资源和能力。企业开展融资租赁、工程总承包、长期协议等服务业务，需要大量的资金与人力支持。一方面可通过已有资源的分解和整合，另一方面也可借助外部力量。

良好的市场环境有助于企业降低交易成本、提高效率和公平竞争；应增强知识产权保护，打造服务创新保护与激励机制；加快信用体系建设，建立企业信用评价制度与质量评价体系；畅通产、学、研、用之间的信息与知识交流，以创新驱动服务型制造的发展。

建立服务型制造转型支撑平台

由生产型制造向服务型制造转型，会带来企业的业务模式、体制机制、组织结构、人才队伍、企业文化等各方面的转变，相应需要人才、管理、科技、信息等要素构筑服务型制造的支撑体系。

多年来，制造企业的生产资源配置，包括人才培养和储备，都以产品为核心；而服务型制造更需要差异化和应变的服务能力，需要新型的服务创新人才；现有的人才培养体制和机制还难以满足新的需要，人力培养也需要较长时间；由此，需要建立起多层次的服务人才培训体系，培养高素质、高技能、复合型的创新服务人才。

服务型制造需要产品与服务知识、产品工艺流程与服务业务流程、显性知识与隐性知识的集成、交互、分工和协作，需要不同知识、不同流程、不同模块的分工与协作；需要更高水平的信息管理系统和能对经验数据和相关知识实施有效管理的知识管理系统，即要建立一个制造与服务协同的服务型制造信息化支撑平台。

建立服务型制造转型统计监管体系

只有建立和完善服务型制造转型的统计监管体系，才能准确反映服务型制造的发展规模、效益、地区分布和行业分布情况，才有助于相应发展规划的科学制定、相关主管部门管理方式及管理水平的提高。

我国服务业统计工作与当前服务业的快速发展不相适应。2011 年 10 月，国务院办公厅转发了国家统计局《<关于加强和完善服务业统计工作意见>的通知》，但生产性服务业与服务型制造的统计口径仍不明确。

我国现有行业标准偏重于生产行业，服务行业标准，包括服务过程和服务质量的标准较少；现有服务标准主要对应酒店、餐饮、旅游等消费性服务业，生产性服务业和知识密集型服务业的标准欠缺。

7

服务是钢铁行业发展的出路之一

唐 荻[1] 孙蓟泉[2]

1 北京科技大学教授；
2 北京科技大学教授。

一、钢铁行业服务型制造的战略意义

钢铁行业面临的形势

钢铁材料是国民经济建设和国防建设的基本保障。钢铁行业是国民经济发展的支柱产业。我国钢铁产量十余年世界第一，产能和产量约占全球一半。现虽已成为世界第一钢铁大国，但远不是钢铁强国，存在诸多急需解决的问题。

1．产能过剩

受全球经济危机影响和国内新建钢铁企业产能逐渐释放的影响，钢铁行业产能出现全面过剩，具体表现为周期性产能过剩和结构性产能过剩。整个行业普遍陷入经营困境，2012 年，几乎全行业亏损；2013 年钢铁工业整体仍继续增长，粗钢产量达到 7.79 亿吨，同比增长 7.5%，约占全球粗钢产量的 48.5%；全国重点大中型钢铁企业实现利润 228.87 亿元，销售利润率仅为 0.62%的微利水平；2014 年全国粗钢产量 8.23 亿吨，同比增长 5.53%，占世界钢产量的 50.26%，增速同比回落 6.6%，全国重点大中型钢铁企业实现利润 304.44 亿元，销售利润率为 0.85%，同比仅提高 0.26%[2]。过剩的产能不仅过度消耗资源和能源，恶化环境。加之下游行业对钢铁产品越来越高的要求，并且市场竞争日益激化，企业利润空间不断受到挤压，竞争更加激烈。

2．资源逐渐枯竭

由于长期粗放式开发利用，我国钢铁行业所需各种金属矿石资源存量锐

[2] 中国钢铁工业协会信息统计部，《2014 年钢铁工业统计年报提要》，2015.

减。钢铁生产所需铁矿、铬矿、锰矿、镍矿等战略资源供应日趋紧张，近两年 70%以上铁矿石依赖进口，进口铁矿石价格涨幅远远高于钢材价格涨幅。随着矿产资源的逐渐枯竭，以及开采成本的不断增加，钢铁行业利润日益微薄，产业可持续发展面临资源存量瓶颈制约。

3．产业结构单一

进入 21 世纪我国经济快速发展，导致对钢铁材料的强烈需求。钢铁行业进入暴利时代，一些企业盲目上马低端产品粗加工生产线，造成整个产业产品单一，产业结构相似。同质化成为我国钢铁行业的一个重要特征；价格成为主要竞争手段，企业利润受到极大冲击。

差异化是针对客户需求，提供个性化服务。差异化包括产品差异化、销售渠道差异化、管理手段差异化等。我国钢铁行业更要重视商业模式差异化，即要实施服务战略转型，这是提高竞争力的唯一出路。

4．节能减排紧迫

我国钢铁行业“三高”，即高消耗、高污染、高排放特点突出，和全社会绿色发展目标严重冲突。国家提出，2015 年我国单位工业增加值能耗比“十一五”规划期末应降低 21%左右，单位工业增加值用水量降低 30%，单位工业增加值二氧化碳排放量减少 21%以上，工业化学需氧量和二氧化硫排放总量分别减少 10%，工业氨氮和氮氧化物排放总量减少 15%；主要耗能行业单位产品能耗持续下降，重点行业清洁生产水平明显提升[3]。钢铁、电解铝等冶金企业已经成为国家环境治理调控重点。

钢铁行业位于我国耗能大户的前列。钢铁企业在生产中需要消耗大量能源并排放大量污染物，其中空气污染物排放引起的污染问题尤其严重。根据国家规定，2017 年北京、天津、河北的细颗粒物（PM2.5）浓度应在 2012

[3] 工业转型升级规划（2011—2015 年），2011.

年基础上下降25%左右，山西、山东的下降20%，内蒙古的下降10%；北京的细颗粒物年均浓度控制在60微克/立方米左右[4]，钢铁行业大幅度减排将是减少环境污染的关键。

钢铁行业服务转型的意义

中国钢铁行业面临着资源、能源、环境保护及产能过剩的多重压力，还面临日益激烈的竞争和越来越高的客户要求；要扩大生产规模以降低成本的潜力已经非常小。若要走出困境，出路只有服务转型。

1. 国际环境和外部市场的要求

20世纪60年代以来，发达国家开始步入以服务业为主导的“后工业化社会”，生产性服务业迅猛发展，成为产值、利润和就业增长最快的部门。服务化转型成为国际产业结构调整的客观趋势。国际产业结构正向知识、技术、服务密集方向调整。许多跨国企业开始从以生产为中心转向以服务为中心。生产性服务业已成为许多发达国家支柱产业。

我国人口红利时代即将终结，低劳动力成本将不复存在；环境高负荷对钢铁生产制造业形成压迫，钢铁生产制造环境成本越来越难以外部化；宏观经济增长方式转变降低了钢铁等金属材料的需求强度；外部环境的转变将迫使我国钢铁行业由生产制造为中心向生产服务为重心转移。

服务转型是我国钢铁行业走出困境的必由之路。服务和生产融合，以服务为中心串联价值链各个环节，是发达国家后期工业化重要特点。生产性服务业的发展有利于提升钢铁工业的知识和技术含量和克服资源要素的制约，

[4] 京津冀及周边地区落实大气污染防治行动计划实施细则，2013.

有利于深化钢铁行业分工，降低产业成本，创建自己的品牌；有利于涉足价值链高端、提高产业经济效益；有利于产业转变经济增长方式，推进新型工业化建设。

2. 企业自身发展的必然要求

在激烈竞争中，钢铁企业正面临市场的优胜劣汰。竞争已经渗透到各个环节和各个方面。生产专有技术趋同，钢铁产品趋同，不同企业的利润水平也趋同。企业的竞争优势已经很难在产品的质量和价格上体现。服务转型以赢得服务利润，将是钢铁企业新的利润增长点和未来重要的利润来源。

我国钢铁行业产能过剩已经成为常态，更多的富余生产能力应该转向满足个性化需求和高层次需求；行业同质产品竞争日趋加剧，更多企业应该实施创新竞争。多年来，我国钢铁行业的“硬实力”已基本发挥殆尽，服务转型“软实力”发挥空间较大；技术水平历经多年发展，已初步具备服务转型的条件。

我国钢铁企业应加强延伸和协同，转变服务理念，增强服务意识，建立企业与下游用户的战略合作机制；发展产品深加工，完善物流配送体系，提升产品价值和企业服务功能，促进由生产商向服务商的转变；推进产业结合，推广产品应用，鼓励企业建立服务中心，联合下游企业开发新产品，为用户提供全方位的材料解决方案，实现钢铁行业和下游行业的互利共赢；积极发展咨询服务、技术中介、电子商务服务，积极开展维修、仓储、物流等服务外包，实现企业经营理念、管理模式、管理方法的巨大跃升，大幅提升企业各项服务功能，全方位推进企业管理水平的提高。

3. 缓解环境和资源压力的要求

我国钢铁工业的快速发展，导致其与资源和环境的矛盾日益突出，生产所需矿石资源供应日趋紧张，能源和环境制约进一步加大。

国际经验表明，产品生产所创造的价值约占产品整体价值的三分之一，其余三分之二为服务所创造的价值。钢铁工业对能源、资源等硬性生产要素消耗强度高，环境污染严重，发展具有不可持续性；再有世界性的能源、资源短缺，世界各国对环境保护的日益重视，经济社会可持续发展意识的逐渐增强，将迫使全球高耗能、高污染企业向服务转型。

钢铁行业通过服务转型，实现内需和外需平衡发展，减轻对进口矿石的依赖程度；提升出口商品结构，提高出口产品附加值和非价格竞争力，以摆脱主要依靠价格竞争的不利局面；推动我国生产供给结构的优化，减少贸易摩擦，转变外贸增长方式，促进服务贸易与货物贸易的协调发展。

钢铁行业实现绿色生产，降低经济增长对资源投入的依赖，提高资源使用效率，改变高能耗、高污染状况，使资源型产业真正做到可持续发展，造福于子孙后代。

4. 扩充就业的要求

生产性服务具有资源消耗低、产业附加值高和吸收就业人口多等优势。发展生产性服务是缓解我国日益严峻就业压力的有效途径。

我国粗钢产能接近 10 亿吨，而“十二五”规划预测的粗钢消费峰值为 7.7 亿～8.2 亿吨。面对产能严重过剩，我国钢铁行业正在从“埋头生产”变为“抬头问路”，从简单外延式增长向内涵式发展转型，从根本上改变当前严重依赖钢铁的主业结构，目前从事钢铁主业的一线人员比例很高，人工成本沉重，适时发展深加工、物流、商贸及其他产业，通过剪切加工、生产零部件等深加工方式向下游用户提供服务性生产，可以分流部分人员从事生产性服务，缓解压力。

钢铁行业要可持续发展，进行绿色生产、环境保护、深加工、废弃矿山、老厂搬迁改造等，这些产业链的延伸都能够解决大量人员就业问题。

二、钢铁行业服务型制造的模式

钢铁行业服务型制造就是要从根本上实现从“生产为中心”转向“客户

为中心”，由此转变企业经营理念、管理模式和管理方法，将企业与客户的一次性交易转变为长期服务交易，传统一次性购买的短期接触变为持续的多次服务接触，甚至是终身服务的长期共生关系；企业不仅要了解顾客需求，而且在顾客参与下还要更清楚地知道怎样满足顾客需求。企业应为顾客提供与产品质量、设计、文化、娱乐和环境等方面相关的广泛、完备的服务，以提高客户满意度；这无疑是建立客户同盟、维护客户忠诚度的关键举措。

钢铁行业的服务应包括客户获取、客户交流、客户满足、客户关怀、客户保留等，要生产出用户满意的个性化、差异化产品，要为客户提供售后服务，帮助他们解决钢铁产品使用过程中的各种疑难问题。

循环利用模式

服务型制造对于推进钢铁工业循环经济产业链的延伸，提高各种资源的高效利用，降低钢铁工业的能源和资源消耗，减少污染和温室气体排放至关重要，以使钢铁行业更好地服务于社会，实现可持续发展。

钢铁行业在生产制造产品的同时，会产生大量副产品和各种排放物，妥善合理地利用这些废弃资源，一直是钢铁行业的追求目标。发展循环经济是合理利用排放物的有效途径，也是钢铁行业服务转型途径之一。这对节能减排、产业结构升级和优化、降低对资源的进口依赖度有重要意义。

1. 煤气和余热利用

钢铁生产过程需消耗大量的电能和煤炭，同时也产生大量煤气和余热。目前，钢铁企业的大部分煤气和余热只作为燃料，可服务于其内部或周边生活区，利用效率低。

钢铁企业应优化能源结构和能源利用，利用钢铁生产过程中的余热余能和煤气进行发电，实现用电自给及外送；也可与化工行业合作，利用这些煤气生产氢、甲醇、二甲醚等化工产品；开发煤气加工，实现煤气资源化，提高煤气利用的附加值。

2. 钢渣利用

钢渣是炼钢工业的排放废物。每年我国钢渣排放量达上亿吨。若不及时有效处理，废弃钢渣不仅占用大量土地，还会造成环境污染。

废钢渣主要成分与水泥接近。钢铁企业可与建材行业合作，将钢渣用作水泥原料，生产“玻璃陶瓷”，实现“零排放钢渣”。钢渣除作为建材原料之外，还因含有二氧化硅、氧化钙和三氧化二铝等氧化物，具有改良土壤之功效，也可将其加工成中效或长效农业肥料。

3. 城市中水利用

钢铁工业是水电消耗大户。钢铁企业应与城市污水处理厂合作，充分利用城市污水处理后的中水，使中水作为钢铁生产过程中的冷却水或工艺用水；从根本上解决生产用水和城市供水的矛盾，实现城市与钢铁工业共同发展。

4. 废弃塑料利用

塑料发热值为 41 868 J/kg，比煤炭氢含量高。钢铁企业可以利用社会废弃塑料作为燃料，将废塑料代替焦炭喷入高炉。塑料的能源利用率高达 80%，排出二氧化碳可减少三分之一，具有显著的环保效益和经济效益。

5. 废弃钢铁制品回收

随着资源的日益匮乏，废钢铁正日益受到国内外钢铁行业的重视，成为钢铁冶炼中除生铁之外的主要炼钢原料。废钢回收是资源循环利用，保护生态环境的最有效方式之一。

深加工模式

发展钢铁产品深加工，提升产品价值和企业服务功能，将促进钢铁行业的服务转型，促使钢铁企业由生产商向服务商转变。钢铁产品深加工可以分为三大类，即材料型深加工、营销型深加工和产业型深加工。

1．材料型深加工

材料型深加工是指将产品深度加工后仍属于原材料的加工方式。这是一种传统的钢铁产品深度加工方式，包括冷轧板带、涂镀层板带、冷弯型钢、焊接钢管、线材制品等。在我国钢铁产品深加工中所占比例最大，其中冷轧钢带、涂镀层板带，以及一些普碳钢线材产品的产能已经能满足国内需求，并略有过剩。

2．营销型深加工

营销型深加工是为方便用户，以扩大营销，为用户提供中间产品的加工方式；例如，建立材料加工配送中心，按照用户要求，将金属产品进行矫正、清理、剪切、冲压、彩印等工序，并通过仓储、运输等物流环节，直接送与用户使用。

营销型深加工可为钢铁产品的供需双方都产生巨大效益，是世界发达国家普遍采用的深加工模式。我国钢铁企业发展营销型深加工业务，也是为满足市场个性化需求，为服务用户、整合营销渠道、发展高效物流而逐步发展起来的，其典型标志是大中型钢铁企业纷纷建立的剪切配送物流中心。

3. 产业型深加工

产业型深加工是将钢材加工成用户可直接使用产品的加工方式。我国钢铁企业采用产业型深加工的主要是建筑钢结构、金属包装、紧固件、五金家具、汽车零部件、钢帘线、桥梁缆索。

产业型深加工不仅可以增加产品附加值，而且还可形成金属材料开发、制备与加工过程的闭环系统，提高钢铁材料的质量，具有广阔的发展前景。我国目前的大多数产业型深加工规模还小，技术档次不高，营销能力差，盈利起伏大，行业影响力和市场控制力弱。例如，国内一些大型钢铁企业都涉足的钢结构，还都是小规模经营，难以给用户有力的技术及市场支撑，甚至难以获取稳定的经营收益。

技术输出模式

改革开放以来，我国钢铁行业大规模引进和消化吸收，自主创新能力大幅提高，应不失时机走出去，输出工程技术，实现从技术引进到技术输出的转型。

1. 国际化经营

当前，"一带一路"沿线一些国家经济发展前景看好，对于钢铁产品需求量很大，尤其是印度尼西亚、印度等国，以及非洲和中东地区的钢铁需求量增长迅猛，2014 年我国对这些国家和地区的钢铁出口量同比增长分别达到 51.3%、131%、71.4%和 46.4%。[5]

[5] 李新创. 2015 中国钢铁技术经济高端论坛.

我国钢铁行业经过多年发展，已具备向外输出实力。只有向外输出，才能有效化解过剩产能。但输出不能仅是钢材产品出口，还要将产品、投资和服务相结合，实现新型的国际化经营模式。

2. 工程技术输出

我国钢铁行业正在调整产业结构，促进可持续发展。要依托钢铁主业的工艺技术优势，整合创新资源，打造冶金工艺技术、节能环保技术、工业自动化控制技术的集约化、工程化和产业化平台；要以装备制造、信息与自动化技术、冶金工程技术、节能环保技术为重点，协同推进成套技术和配套服务的输出。宝钢、太钢等钢铁企业率先向国内一些企业输出了多项成套设备与配套服务，积累了经验。下一步我国有条件的钢铁企业要积极开拓国际市场，向海外提供项目管理、设计管理、投资咨询、工艺指导、工程设计、工程总承包等全流程服务，以先进的科学技术和完善的服务抢占国际市场。

物流模式

据测算，我国钢产量与物流量之比为 1∶5，即每生产 1 吨钢，需要 5 吨物流量。近两年，我国钢年产量超过 8 亿吨，钢铁物流量超过 40 亿吨，[6] 其物流量居我国国民经济各行业之首。

发展钢铁行业必须大力发展物流业。发展钢铁行业物流服务，应大力倡导钢铁企业充分利用现有仓储和运输能力；重点鼓励基础条件好、具有较强仓储运输等能力的企业分离发展物流业务，整合重组社会资源，形成管理科学的现代化物流企业；应加强物流业务信息化改造，尤其是利用物联网技术，

[6] 中国钢铁工业协会信息统计部，《2014 年钢铁工业统计年报提要》，2015.

提高物流管理的精细化和物流作业的智能化，提高物流效率；鼓励开展仓单质押等物流金融业务，鼓励发展流通加工与售后服务、安装服务、物业管理、后勤保障等配套服务，鼓励建立专业化电子商务平台，延伸和放大传统物流功能；应鼓励建设集贸易、仓储、加工、配送、物流、金融、信息服务于一体的区域性物流中心和现代物流港；应建设起以大型物流基地为核心，以综合性物流配送区和专业性物流配送区为节点，能够直接渗透到经济技术开发区、加工工业区、企业等终端的现代物流网络体系。

三、钢铁行业服务转型经验

1. 太钢经验

太原钢铁集团有限公司（以下简称“太钢”）是我国不锈钢生产龙头企业，不但生产高端不锈钢产品，而且还注重输出先进生产工艺技术与装备，以装备制造、信息与自动化、焦化工程、冶金工程、节能环保等技术为重点，协同推进成套技术和配套服务的输出。

太钢把建设绿色钢厂作为生存的前提和发展的基础，作为企业效益增长点和新的竞争力，全力打造资源节约型、环境友好型钢厂，走出一条钢厂与城市和谐发展的绿色之路。

太钢在十年间累计投资 96 亿元，实施了 132 个节能环保项目，建立了全流程的节能减排模式，形成了较完整的固态、液态、气态废弃物的循环产业链，对废水、废酸、废气、废渣、余压余热进行了高效循环利用；固态废弃物、工业废水、工业废酸实现 100%循环利用，二次能源回收量已占生产所需能源的 48.6%，余热余压发电量占生产用电量的 28.8%，每年仅回收二氧化硫就可制造浓度 98%的硫酸 4 万吨，全部回用于生产，既减少污染排放，又减少硫酸采购量，具有双重环保效益。

太钢认为，企业要勇于承担社会责任，节能环保不是企业的负担，而是企业的责任和机遇，要让节能环保成为技术创新、工艺改进、管理提升的推动力，实现价值最大化。

2. 唐钢经验

唐山钢铁集团有限责任公司（以下简称“唐钢”）位于唐山市中心区，环境压力非常大，曾经一度面临搬迁。2008 年唐钢开始进行“绿色转型”，淘汰落后产能，投资 13 亿元建设了 9 项煤气及余热综合利用发电及配套改造项目，年实现节能 29.51 万吨标煤，居国内先进水平；投资 10 亿元实施 16 项污染治理项目，年减少二氧化硫排放量 4216 吨，减少二氧化碳排放 274 吨；投资 3.3 亿元建设了华北最大的城市中水与工业废水处理中心，重点建设了两套水处理系统：一套是城市中水和工业废水预处理系统，另一套是废水深度处理系统，满足生产对各种水质的需求。唐钢持续推进固废的资源化利用，建设了年产 120 万吨的高炉水渣超细粉生产线和 200 万吨的钢渣处理生产线。炼钢原料系统、烧结系统、高炉出铁场、高炉矿槽除尘灰和转炉污泥全部回烧结综合利用。

唐钢的“绿色转型”的方法：一是挖掘企业内部潜力，通过环境治理与节能减排，实现清洁生产与绿色生产，形成经济效益与环境效益双赢；二是钢铁企业发展与城市发展相协调，通过处理城市废水、垃圾，以及为社会提供电力、暖气热能方式，把钢厂变成城市功能的一部分，与社会形成大循环系统，为处于城市中心的钢厂发展提供了思路。

唐钢经过多年实践，积累了丰富的工程咨询经验，成功地实现由钢铁产品销售到工程设计及工程总承包的跨越。在工程设计与建设中融入节能环保，开发和利用节能环保新技术、新工艺，取得一系列优秀成果。

3. 宝钢经验

宝钢集团有限公司（以下简称“宝钢”）围绕行业价值链和主业优势，采取“一业特强，适度相关多元化”的发展战略，对产品进行延伸，提供生产、技术、市场支持，实现相关多元化的产业发展模式。

例如，宝钢金属有限公司的核心业务是利用宝钢主业生产的钢材，发展钢材延伸加工产业，包括钢结构、金属包装、工业气体和汽车零部件等。钢结构是指以钢结构为主的工程项目总承包；金属包装包括金属板印刷、二片和三片饮料罐、气雾罐、各类瓶盖、杂罐、化工桶、钢桶等；工业气体是指液态气和瓶装气，以及氢气、二氧化碳、医疗气体、特种气体和稀有气体的开发和生产；汽车贸易及汽车零部件是与汽车厂商合作，生产车轮、变速阀等产品。

宝钢服务转型的经验就是围绕主业的多元发展，充分利用主业材料、资源、技术和了解用户的优势，搞产品深加工，实现主业和加工业双赢，一方面通过产品深加工赢得市场，另一方面，在产品深加工过程中，通过对主业产品的检验，及时发现问题和及时反馈，促使主业提高产品质量。

经多年努力，宝钢股份已在产品研发及生产、工艺、设备环节形成一批有较大含金量的自主创新专利技术，包括电工钢、管线钢、汽车板等战略产品的大量专利，还包括薄带连铸、纳米技术、非高炉炼铁、喷射成形及真空镀膜等前沿技术研究。其中，典型技术是其自主研发的 RH 炉外精炼技术。该项技术具有真空脱碳、吹氧脱碳、喷粉脱硫、温度补偿、均匀温度和成分等多项功能，可极大提高钢材质量，在冶炼超低碳钢、高级别管线钢、硅钢及 DI 材方面发挥举足轻重的作用。目前，国内外选择宝钢滚筒渣处理技术的钢铁企业已达 20 多家，包括中国的马钢、邯钢和台湾地区中龙钢铁，以及印度 JSW、韩国浦项等知名钢铁企业。

4. 邢钢经验

冷成形加工方式生产效率高，其加工产品表面没有因加热造成的粗糙，外观漂亮，尺寸精确，质量稳定，被广泛应用于标准件等零部件的加工生产。

邢台钢铁有限责任公司（以下简称“邢钢”）和德国 A&E KELLER 公司合资组建新光凯乐汽车冷成形件有限责任公司。该公司充分发挥邢钢高端线材生产优势，建设冷成形生产线，主要加工生产中、高档轿车所需专用冷成形零部件，产品成功应用于欧、美、日多家国际知名汽车厂商，成为我国最大规模的汽车冷成形异型件生产企业，填补了国内高档汽车冷成形件生产的空白。该公司还进一步发展面向高速铁路及机车、航空航天及船舶、机械装备等行业用零部件的加工制造。新光凯乐在 2012 年的销售额和利润大幅提高，销售额将近 1 亿。

邢钢的经验是，依托企业自身特点和优势，面向高端产品和客户；发展精品线材深加工，协助用户开发新产品；实现生产和服务一体化，避免同质化竞争；延伸主业产业链，提高产品附加值。

5. 武钢经验

武汉钢铁集团公司（以下简称“武钢”）利用主业技术、资金、产品优势，兼并重组具有深加工能力的企业，快速发展，由一业特强向适度多元化发展。2013 年武钢收购了德国蒂森克虏伯公司旗下的激光拼焊企业，借助其技术、管理、产品和品牌的优势，目标对准高端汽车零部件领域，建设具有全球竞争力的汽车板生产基地，快速完成国际化经营的战略布局，形成新的利润增长点。武钢不仅努力实现从矿产资源到科技资源的全球化利用，还通过产、销、研三位一体服务，实现从生产精品向提供解决方案的转变。

6. 沙钢经验

江苏沙钢集团有限公司（以下简称“沙钢”）地处经济发达的长三角地区，是最大的民营钢铁企业。沙钢斥资 300 亿元建立了一个集商贸交易、金融服务、电子商务、产品会展、休闲娱乐等为一体的多功能商务区——玖隆物流园。这是一个国内规模最大、现代化程度最高、物流成本最低、功能配套最全的钢铁物流园区。

该园区坚持“立足一个中心”和“突出四个重点”的发展战略。玖隆物流以做大做强经济总量规模为中心，全力提升效率效益水平，为沙钢集团实现转型升级，创造多元化价值奠定坚实的基础。玖隆物流突出以下四个重点：

（1）以产业延伸加工为重点，依托沙钢集团、张家港浦项不锈钢公司等周边资源优势延伸沙钢集团的钢铁行业链。

（2）以特色金融服务为重点，为广大钢贸商拓宽融资渠道。

（3）以搭建功能平台为重点，加快实施玖隆电商平台，引导钢贸交易新模式。

（4）以园区硬件建设为重点，加快玖隆物流主体工程进度。

沙钢建设玖隆物流，提出在不增加一吨钢产量的前提下，再造一个沙钢，即要求玖隆物流在不增加能源消耗、不污染环境的绿色生产前提下，创造出和沙钢集团一样大的利润。

四、钢铁行业服务转型的关键

钢铁行业服务转型存在的主要问题

我国钢铁行业的生产性服务基础薄弱，长期被置于“辅业”位置，相当程度上抑制了企业服务转型的积极性。钢铁行业的服务转型缺少政府的统一规划和政策引导，缺少行业协会的有力指导。钢铁行业大而不强，仍停留在以生产制造为主体的产业链中低端。很多钢铁企业的生产性服务需求尚处在自发状态，创新能力不强，信息需求不对称，致使行业生产性服务业的发展总量不大、结构不优、水平不高、竞争力不强。

尽管近年来我国钢铁行业的生产性服务业有一定发展，但与其他行业相比，钢铁行业的服务转型还比较缓慢；服务产品定价尚未市场化，一些生产性服务产品价格仍由政府制定，难以反映市场供求关系，难以发挥价格机制对产业发展的有效调节作用；由于缺乏有效市场竞争，导致部分生产性服务业陷入低效率、高成本、高价格、低需求的恶性循环。

生产性服务业发展需要市场，需要有大量企业进行生产性服务外包。我国市场生产性服务市场机制不够完善，社会对商业违约、欺诈行为的发现和惩戒能力有限，直接妨碍企业选择生产性服务外包。

2008 年以前钢铁行业发展的黄金时代，企业盲目上马，形成“以生产为中心”的观念，缺少服务意识，长期把生产性服务当作非生产性活动。许多钢铁企业追求“大而全”、“小而全”，既不愿意将自己的生产性服务部门独立，生怕其脱离母公司，也不愿意外包生产性服务和从市场上购买生产性服务产品。

近年来产生出一批新兴的服务企业有效改善了生产性服务业的行业结构，但发展不平衡，发展水平低；传统服务业比例偏重，新兴服务业比例偏小，传统服务业饱和，竞争过度，而新兴专业服务机构和业务规模都比较小，业务范围狭窄，人员素质参差不齐，有关制度和体制不完善，缺乏高素质的资本、管理和技术，缺乏信息化的管理模式，难以满足发展的客观需求。

目前我国钢铁行业开始进入新一轮发展期，研发、采购、储存、物流、营销、服务、融资和技术支持服务等成为产品价值的重要来源。生产性服务业保持了较快发展势头，但与主业发展不相匹配，两者融合程度不够，没能真正发挥“1 + 1 > 2”的效果，主业总量大但生产效率不高，增加值率偏低，生产性服务业发展滞后。

生产性服务业是建立在知识和技术基础上，以人力资源为核心资源的产业，需要大量高素质人才。我国钢铁行业服务转型中高端人才外流严重，尤其缺少具有服务外包实战经验的专业技术人员和管理人员；现有从业人员中多数由其他专业转换，专业素质有待提高。

钢铁行业服务转型要处理好几个关系

钢铁行业服务转型表面上仅是转变生产重心，实质是对传统生产制造和商业模式的颠覆创新。为此，要处理好以下几方面关系。

1．精品与服务的关系

作为传统生产制造行业，钢铁行业历来将重心放在“产品制造”上，占有制造优势，就占有竞争优势。服务转型并不是意味着放弃“产品制造”的核心优势，而是建立在精品制造基础之上的增值服务。

2．钢铁主业与多元产业的关系

钢铁企业服务转型不是发展无关的第三产业，甚至不惜削减主业；而是聚焦于主业，通过发展相关的多元服务业务，把钢铁主业做得更好、更优和更强。

3．生产与流通的关系

过去很多钢铁企业忽视流通环节，自建营销体系很不健全，产品流通销售主要依赖社会贸易商，直供和直营的比重很低。如今对于服务转型，很多企业首先想到的就是加强流通渠道，纷纷自建营销服务体系，减少流通环节，加大直供比例；但钢铁企业毕竟不是消费资料行业，在渠道建设上要有所为有所不为，要找准突破口，而不是盲目照搬，一哄而上。

4. 产能利用率与产品成材率的关系

长期以来，我国钢铁企业追求高“产能利用率”，认为产能利用率越高生产组织水平也就越高，生产成本就越低。在产能过剩时代，高产能利用率意味着加剧市场竞争。服务转型要满足个性化需求，更关注差异化产品和提高产品成材率。一个 5000 万吨级的大型钢铁企业，提高 1 个百分点的成材率就意味着少损失 50 万吨的成品钢材，这远比产能利用率提高 10 个百分点更有经济意义。

5. 软资产与硬资产的关系

传统生产制造年代，企业注重硬资产的投入和改善，有产出就有收益。而在一个产能过剩的市场，产出不一定就有收益，还取决于相关的生产性服务，取决于员工的服务能力，取决于企业的软资产。

钢铁行业服务转型要完善自身环境

1. 提高服务意识，培育服务文化

服务转型首要任务是解放思想，消除认识误区，建立危机感，认清服务转型是钢铁行业发展的重要趋势。现代钢铁行业的每一生产环节都伴随着服务需求，服务转型就是要增强企业的服务意识和培育服务文化。企业应积极宣传和培训提高员工服务意识，树立人人服务的思想，为用户服务不是某个部门某些人员的个别责任，而是企业每一名管理人员和所有员工的责任，任何一个人的不负责任都可能造成服务缺失。

2. 优化组织结构，转变经营模式

传统钢铁企业的组织架构以生产过程为核心，相对比较封闭。服务转型要求企业按照服务过程优化组织结构，设立专门的服务部门，服务部门也从“成本中心”演变为“利润中心”。

钢铁企业应按照客户需求组织生产经营活动，全面提高订货周期、订单批量、产品质量、个性化需求等方面的经营性能，和客户需求同步生产节拍和质量标准，广泛实现多品种、小批量、准时化的精益生产，“短流程生产线”等生产工艺和生产线将更能适应服务转型需要。

钢铁企业应从传统“钢材经销商”向“全能型服务中心”转变，应推行主动服务，即主动发现客户需求和展开针对性服务，主动为上下游客户提供生产性服务和服务性生产活动，从以客户投诉处理为中心的被动式服务转向以客户关怀为中心的主动式服务；应推行整合销售服务，即在产品售价中整合服务，产品相关服务中整合专业服务机构，低价销售或免费提供产品中整合其他服务供应商的服务，再由后者向生产商支付余款或利润分配；应追求服务利润，即通过提供增值服务，提高产品附加价值。

3. 实施纵向联盟，合作横向联盟

钢铁企业应与上下游企业建立纵向生产服务联盟，例如，与矿山、煤炭等企业合作，稳定原材料供应；与船舶、汽车制造企业“联姻”，稳定产品销售，使产品更具有针对性和计划性；生产资源分配更为合理，成本更低，效益最大，客户满意度更高。

钢铁企业还应与同类生产企业建立横向联盟，实现统一采购、统一销售、统一物流和低息成本融资，以降低生产成本，增强抗风险能力，利益共享，风险共担。当然，横向联盟的同类企业还应实行差异化生产，优势互补，避免同质化竞争。

钢铁行业服务转型需要国家政策支持

1. 法律法规是服务转型基础

钢铁行业服务转型既源于市场自然演进，又需要国家政策扶持。我国钢铁行业长期以生产为中心，在服务转型过程中尚存在体制制约和政策障碍。要扭转以往“重生产、轻服务”的倾向，需要国家支持，例如法律保障、政策激励。

各地政府应高度认识钢铁行业在国家经济中的战略地位，深入研究钢铁行业服务转型的发展规律，制定系统的相关生产性服务业发展战略与规划；尽快出台和落实鼓励钢铁行业服务转型的法律法规，建立企业服务化发展政策体系，完善配套法律法规；加大政策执行力度，为服务转型营造良好政策环境。

政府应在宏观调控、贸易保护等方面支持钢铁行业服务转型，在兼并重组、企业联盟及与其他行业之间的关系方面给予正确引导和支撑；要及时发布基础建设、汽车、造船及机械装备制造等相关产业对钢铁材料的需求信息，推动钢铁行业的服务转型。

2. 政策支持是服务转型动力

国家应安排中央专项财政资金，采取补助、贴息、奖励等方式，支持和引导钢铁行业服务转型的重点项目和重点工程，进一步完善相关财政、税收、金融、人才引进等方面政策。

国家应实行鼓励服务技术创新、支持生产性服务业重点领域发展的相关税收政策，适当降低生产性服务业的营业税率等税收比例；应设立钢铁行业服务化转型基金，把每年钢铁行业缴纳的资源税、补偿费、矿业权租金等收入按一定比例纳入转型基金；应给予国有大型冶金矿山企业优惠政策，减缴、缓缴矿业权价款，减轻企业资金压力；应制定政策鼓励做好钢铁企业转型工作，国家应给予其服务化转型的一定扶持政策。

国家应鼓励银行金融机构积极开展金融创新，加大对钢铁行业服务化转型的支持力度；应鼓励和引导银行机构转变信贷经营思路，扩大信贷领域，积极贷款支持钢铁企业服务化转型；应鼓励钢铁企业通过股票上市、发行企业债券、建立产业投资基金、风险投资、项目融资、股权置换等方式，开放钢铁行业生产性服务业资本市场；应积极发展中小金融机构，组建多层次生产性服务业贷款担保基金和担保机构，完善以政府投入为引导，企业投入为主体，民间资本和外资共同参与的多渠道、多层次、多方位生产性服务业金融支持体系。

国家应鼓励技术创新能力建设，围绕钢铁行业升级和传统产业改造整合优势资源，建设一批行业重点实验室和产业技术创新平台，选择一批具有自主知识产权、研发基础好、具有行业带动性的典型企业，作为技术创新示范企业；应建立引导基金，用于重大科技服务机构建设项目的拨款和贷款贴息；应建立现代服务业科技创新体系，大幅度提升钢铁行业现代物流、电子、商务、工业设计等重点服务业的技术创新水平，提升大型服务企业科技创新能力，培育一批技术实力雄厚的高端服务企业。

政府应强化开放意识，建立人才引进、开发和共享机制，以缓解生产服务人才紧缺状况；应制定提高服务人才地位与待遇的政策，建立人力资本自我积累机制；应构建校企合作渠道，建立多渠道竞争的人才培养机制，加快培养服务转型所需高层次应用型、智力型人才；应注重从国家科技重大专项实施过程中培养一批创新型科技人才。

8

轻工行业的服务型制造探索

廖小红[1]　刘晶晶[2]　李永智[3]　于学军[4]　邹　军[5]

1～5　来自中国轻工业联合会。

一、轻工行业整体状况

轻工业包含食品、造纸、家电、塑料、家具、皮革、五金、自行车、钟表、缝制机械、轻工机械、日用玻璃、陶瓷、搪瓷、眼镜、电池、日用化工、文教体育用品等 45 个制造行业，承担着繁荣市场、增加出口、扩大就业、服务“三农”的重要任务，是生产日用消费品的重要民生产业。

经过多年发展，我国轻工业具有一定的出口比较优势和国际竞争力，在经济和社会发展中起着举足轻重的作用。2014 年轻工业增加值同比增长 8.6%，高于全国工业增加值 0.3 个百分点；全行业实现主营业务收入和利润分别为 26.7 万亿元和 1.8 万亿元，其中规模以上企业的主营业务收入和利润分别为 22.1 万亿元和 1.4 万亿元，同比增长 8.72%和 5.2%。

当前全球经济深度调整，复苏动力不足，新一轮科技革命和产业变革蓄势待发。发达国家继续保持和抢占产业高端地位，发展中国家发挥优势，扩展中低端市场。我国经济面临这双重压力和挑战。受内外多重因素影响，我国轻工业增速已从多年的两位数回落到个位数，主营业务收入和利润分别由 2011 年的 19.91%、15.25%回落到 2014 年的 8.7%和 5.2%，轻工产品价格水平持续走低，生产要素成本持续上升，资源环境约束不断加大，利润增长空间进一步压缩。轻工产品需求下行和供给不足现象同时存在。

轻工行业进入门槛相对偏低，多年的规模扩张以及对市场需求变化的不相适应，进一步加剧了轻工业产能过剩和企业经营困难的现象。许多企业积极探索科技创新、资源整合、内部治理和商业模式创新，依靠技术进步、改善管理和提高劳动者素质，促进产业结构优化升级，取得了初步成效。但企业转型升级发展很不平衡，构建新的竞争力仍处在阵痛和摸索中。就目前我国轻工业现状来看，总体自主创新能力不强，贴牌产品较多，产品附加值低，世界影响力品牌很少；以企业为主体的创新体系尚不健全，人才、技术储备不足，新兴产业带动作用还不强，知识产权保护不尽完善，制约了科技创新成效和企业转型升级进程。

我国轻工业正由高速增长转为中高速增长，由产业中低端转向中高端，经济结构正由增量扩能为主转向调整存量、做优增量并举，发展方式正由规模速度型转向质量效益型，发展动力由主要依靠劳动力成本优势和引进技术优势转向创新驱动。

轻工产品生产正向以消费者为中心的多样化、时尚化、个性化、定制化转变，市场销售模式正由传统店商向线上线下结合、体验互动等多种方式转变；产品普及和升级换代相互交替，推动着轻工产业优化升级。轻工企业需要适应消费者对产品和服务多层次的新的需求，尤其针对消费者越来越青睐于品质优越、智能实用、时尚美观、节能环保、操作方便的高端产品的趋势，进一步加大新产品设计和开发力度，加大投入，密切跨界融合和合作，加强知识产权保护，提高产品智能化水平，完善适合消费者的实用功能，不断培育和发展新的增长点。

二、轻工行业服务型制造发展现状

轻工行业服务型制造发展现状

从生产型制造向服务型制造业转变是当前制造业发展的一个基本趋势。一方面，欧美等发达国家在 2008 年金融危机后，重新意识到实体经济的重要性，提出再工业化战略。为了发挥信息技术和先进技术的优势，美国提出“工业互联网”，德国提出“工业 4.0”，对中国制造业形成创新性挤压。另一方面，越南、泰国等新兴发展中国家利用低劳动力成本优势，承接我国劳动密集型产业，对中国形成成本挤压。由此，推进服务型制造是实现我国工业由大到强的突破口，是加快信息化与工业化融合的重要内容，是建立现代产业体系的必由之路，对我国制造业发展具有重要现实意义。

轻工企业价值链逐步由以产品为中心向以提供服务为中心转变是顺应社会发展的必然趋势。当前，轻工产业结构调整加快，原料结构更趋于多元化、节约化和可持续化；产品结构更适应消费结构升级需要，向多层次、个性化、品牌化方向发展；生产技术向创新、节能、环保迈进；设计、研发、营销更趋于高端化和全球化。当前，已有越来越多的制造企业不再是仅仅关注产品的生产，而是将注意力逐步转移到产品的开发、改进、销售、售后服务及回收等领域。轻工企业不再是仅仅提供产品，而是以提供产品、服务、支持、自我服务和知识的“集合体”为最终目标。生产企业加速从生产型制造向服务型制造的转变，宏观上表现为服务型经济，中观上表现为从制造业城市向服务业城市的转变，微观上表现为企业从生产型企业向服务型企业的转变。

伴随着传统产业价值链的不断扩展和延长，其覆盖范围逐渐从加工制造领域延伸到服务领域，制造和服务之间的界限越来越模糊，制造和服务逐渐相互融合，服务在轻工企业产值和利润中的比重越来越高。企业的运作模式也从传统以产品制造为核心逐渐转向基于产品，向顾客提供综合服务的模式。

1. 定制化生产

轻工产品，例如家具、厨房五金、照明灯具等产品的定制化生产已成为趋势。一些企业根据消费者需求定制家具、整体厨房、卫生间、灯具产品等，包括设计环节与客户的互动，到售后环节保证承诺服务内容（主要是维修等三包服务内容，搬家时帮助拆卸和重新组装等）。家电制造企业努力满足消费者个性化、定制化需求，实施以互联网为支撑的多用户参与方案设计、多家专业机构参与解决方案设计，以智能制造为手段实现批量化生产的模式，以大数据、云计算、物联网等技术为消费者提供后期服务。制鞋行业领域实现的三坐标快速测量系统、鞋楦制作（目前可利用 3D 打印技术）和鞋的生产等高端定制服务。箱包、眼镜、乐器等制造企业根据特定消费者的需求，为其量身定制适合其身份地位、职业、气质、产品功能需求等方面的高端产品。消费者在享受私人定制服务中，感受自我价值的实现，追求时尚与完美、品质与功能的深度体验，强化了企业与消费者的互动与沟通，提升产品质量，提高服务能力，延伸产业价值链，提高产品附加值和品牌影响力，实现企业和消费者的共赢。

2. 系统整体解决方案

企业不仅销售产品，而且提供用户包含此产品在内的一整套解决方案，从而改变了传统销售模式。

“整体解决方案”要求制造商和用户一起分析和解决问题。制造商和用户只有经过充分的沟通交流，才能成功提出并不断完善解决方案；这是独自一方无法完成的工作。这种合作需要贯穿于整个制造过程。

在智能照明领域，LED 照明技术的广泛应用以及与移动互联网之间的协同发展，智能照明和智慧家居、智慧城市等一系列未来电子化信息化城市的生活息息相关，是照明制造的发展方向。照明产品生产企业正在由单纯产品制造向照明整体解决方案服务商转变。农业等特殊领域，以及光与健康等方面的研究工作也正在被广泛开展。

轻工装备行业能够根据客户的生产环境、产品工艺、包装形式、运输方式等个性化需求，为客户提供工厂布局、产品设计、产能匹配、能耗分析、工程管理、效益预算、客户服务等一系列环节的全流程分析和建设，从原辅材料、加工成形工艺、设备设计、机电一体化、数据化信息化，甚至到物流采购、工程设计施工等环节，实现全线配备，从制品到装备“一条龙”工程研发，为客户提供工程整体解决方案；还可通过互联网与数字化生产线、智能立库、大数据平台的有机结合，进行远程监控、故障诊断、性能参数分析和预警，实现整套系统的网络化控制。

食品酶制剂等大量生产中间品的企业，已经开始由单纯的酶制剂产品生产商，逐渐转变为以提供下游制造企业解决方案为主线的服务供应商，主要为下游制造企业提供产品配方，参与新产品研发，并为下游企业提供工艺改进和技术提升等整体解决方案。

3. 品牌营销模式

品牌营销模式以李宁公司为例，其服务型制造转型始于2000年。目前，该公司以创业的心态去创造服务型的新产品、新渠道、新运营方式以及新的客户体验。该公司通过外包生产和物流环节，一心专注于产品创新研发设计和品牌营销，通过加强与消费者的沟通和互动，不断为消费者提供增值的服务与体验。例如，该公司组织“李宁韦德之道全球设计大赛”，消费者和球迷设计新型产品，公司组织、指导和提供相关服务，消费者网络票选决五强，公司赞助的NBA巨星韦德选出夺冠产品，最终由公司进行量产。球迷（消费者）成为创新设计的主角，企业为消费者提供了产品、服务、支持、自我实现的深度体验服务。

轻工行业服务型制造存在问题

1. 研发设计信息化落后

信息技术在轻工行业服务型制造转型过程中非常重要，但行业研发设计信息化仍存在问题，具体表现为研发设计信息化与设计业务流程不紧密，缺乏深度应用；研发设计过程中缺乏集成协同，尚未形成数字化研发设计能力；研发设计软件和研发工具受制于人，核心技术与核心生产能力呈现空心化趋势；缺乏构建数字化研发设计能力体系的相关标准规范。

2. 生产装备智能化低

我国轻工生产装备在可靠性、稳定性，以及数字化、智能化、集成化方面与国外先进产品差距明显。轻工装备自动化系统的自主创新能力低下，自主知识产权的匮乏，阻碍了制造与服务更深层次的融合。

3. 电子商务发展滞后

电子商务正在改变企业传统的采购和销售模式，在线采购、网络营销逐渐成为企业营销的主要模式。生产企业以产业链为基础，以供应链管理为重点，通过整合上下游关联企业相关资源，深化企业间的业务协同，才能构建生产企业与供应商之间的协同生产体系，增强企业间产供销协同运作能力。目前问题主要集中在网络购物诚信、支付安全、物流运输、金融服务质量、专业人才缺乏、网上交易税收等方面。

4. 存在问题分析

在市场需求和政策推动下，一些轻工行业龙头企业开展了服务型制造富有成效的探索，但目前还没有明确的行业整体发展技术路线。

我国轻工行业自主创新能力不强，设计水平仍较低，难以形成提供差异化、个性化集成服务的技术支撑，难以提供独创性的产品和服务，区域和行业发展不平衡，直接影响到企业向服务型制造转型的程度和效果。

长期以来，制造业以产品为核心，围绕产品储备人才，人才培养方式比较简单，适应服务型制造创新人才的培养体制机制尚不完善，缺乏复合型高端人才成长环境，人才保障和智力支持有待加强。

尽管国家已经出台系列支持服务业发展的政策措施，但制造企业发展服务业务还难以享受到服务业的优惠政策；例如，制造企业普遍缺少服务业务经营资质，拓展服务业务存在政策障碍；缺少统一的服务型制造统计口径和标准，也在一定程度上制约了服务型制造的发展。

三、轻工企业服务型制造的典型案例

海尔个性化定制与智慧生活平台

海尔集团公司个性化定制包括模块定制、众创定制和专属定制三种模式，这三种模式均可在定制平台上实现全程可视体验。

模块定制是指基础模块与可变模块的组合定制方式。海尔定制平台提供用户需求普遍的基础模块，还提供用户可自主选择的可变模块，例如外观图案、去除甲醛功能、Wi-Fi 控制功能模块等。用户可根据个人家庭情况、喜好或装修风格等自由选配，选配后产品生产效果图可 360° 全景查看，满意后下单。

众创定制是指众多用户在定制平台与专业客服人员共同交互创意实现设计的定制方式。创意通过微信、微博及定制平台等渠道进行点赞评比，点赞数超过预定值的创意交由专业设计师进行具体设计，设计师与用户实时对话共同完成创意图。创意图通过网络投票评比，中标设计正式进入开发环节。在 3D 虚拟装配验证、样品试制等开发过程中用户均可参与并提出建议。新产品设计验证完成后，用户即可在定制平台下单和支付。

专属定制模式属于完全个性化的定制方式。用户提出全新的需求或创意，支付一定的预订金后，交设计师打造。定制平台同时互联海尔内部的 HOPE 资源平台及外部第三方设计资源，吸引全球一流资源来设计。3D 样品设计及验证完成后下单支付，由海尔互联工厂或第三方工厂生产。

三种定制都是为了满足用户的多样化及个性化需求。用户可直接参与设计体验、观看制造过程、监测物流配送、享受送装一体化服务。整个产品从概念到使用的全生命周期内均有用户参与和评价。

目前海尔冰箱已开放 4 类模块供用户选择，未来还会扩充不同的模块。用户可根据个人喜好及家庭情况等选择喜欢的模块，组合成心仪的冰箱，也可从众创产品中直接选择喜欢的款式，还可自己设计打造独一无二的专有产品。

海尔还在互联网上搭建了 U+智慧生活平台。这个平台由三部分组成，包括统一交互平台、互联平台、云计算和大数据平台。统一交互平台整合各种软硬件资源、内容服务资源和第三方资源，形成智慧空气、美食、健康、娱乐、用水、洗护、安全等生态圈。互联平台保证接入平台设备之间的互联互通。云计算和大数据平台整体管理平台上所有设备、用户、应用、数据、内容等资料，并进行数据挖掘和分析，为产品开发或服务的迭代升级提供数据依据，真正实现平台的智慧化。

U+智慧生活平台经过多年发展，已包括海尔冰箱、空调、洗衣机、热水器等所有大家电和小家电。除此以外，海尔还通过 U+智慧生活平台的开放接口，与华为、魅族、阿里、360、极路由等国内企业，与微软、高通、苹果、GE、飞利浦、福特等国外企业均实现设备和平台的对接合作。其合作资源涉及软件、硬件、服务、内容等多个领域，共同参与智慧生态圈的商业化落地。到现在为止，海尔平台产品品类已经超过 80 种；接入产品数量达到百万级，每日上传到 U+云平台的设备数据达到 1 亿条。

美的集团积极打造智能家电

智能家电是指具有自学习、自适应、自组织、自协调、自校正、自推理、自诊断七大智能特征的产品。美的集团通过空调产品的智能诊断、家电互联户控、智能感知与交互及家电联网模块四个方面的研究，提升空调的智能化水平。目前，已经开发出 9 大系列 20 多款房间变频空调器。在智能诊断方面，提出了基于云计算的核心部件智能自诊断技术，实现了对空调压缩机、制冷系统及滤网的自检测、自诊断及主动提醒，改变了传统的售后服务模式，提高了售后服务的快速响应能力；通过引入语音、红外、图像等技术，减少了人机交互的步骤，完成空调的自适应主动操作，提高了用户交互体验和使用的便捷性和舒适性。

大豪科技智能整机生产厂家服务平台

大豪科技大数据平台架构的核心部分是面向终端绣花厂、服装厂的网络智能工厂系统，具体包括整机生产管理系统和整机销售租赁系统。

整机生产管理系统可将传统工厂升级到智能工厂，在各个车间内提供Wi-Fi 信号，按照生产规模以固定距离安装无线桥接路由器，结合大豪整机生产管理系统的服务，每台机器安装电控后设置一个唯一编码，打开电控的Wi-Fi 开关，就可实现生产过程统计记录、生产订单进度跟踪、生产现场异常监控、生产数据决策支持、整机生产厂家 ERP 管理、售后维修远程管理等功能。

整机销售租赁系统是为做好融资租赁业务而研发的大数据平台，可以实现多项远程管理功能，如远程信息、远程维护、远程定位、远程锁机等。远程定位是通过高端智能电控中安装的 SIM 卡芯片，利用移动电话基站的三点定位技术，实现整机定位功能，定位精度达到 50 米之内。远程锁机是针对分期付款销售或者租赁的整机，若货款到期未付，机器权益人（可能是整机生产厂家或代理商）可通过整机销售租赁系统的远程锁机功能，输入密码对相应机器进行锁机操作。该系统支持锁机立刻发作、只锁白班或夜班、锁最高限速等多种方式。

有了上述两种系统，整机生产厂家和代理商可以将安装高端智能电控的整机在大豪大数据平台提供租赁服务。工厂可以零或很低的押金租用机器，通过每月交租金的方式进行生产活动。机器出租人可以通过系统看到机器位置、生产量统计、机器故障信息等。机器发生故障时，系统可联系出租人进行维修更换。如果 SIM 卡或联网系统发生故障，机器将无法运行。整机销售租赁系统可以为生产厂家和代理商提供新颖的销售模式，使低首付或零首付成为可能，并通过技术手段规避金融风险。

四、轻工行业发展服务型制造政策建议

国家应积极支持轻工行业发展服务型制造，应鼓励轻工行业、企业以消费需求为导向，延伸产业价值链；以提供服务消费者为中心，发挥现有的产业集群公共服务平台作用；逐步构建面向重点产区和市场的企业大数据服务平台和行业服务公共平台，为消费者及不同行业间的技术共享和互动提供共享空间。应加强财政资金支持，优先支持行业创新领军企业，确立和培育国家支持的重点行业服务型制造示范企业。应出台具体政策，支持和提升重点示范企业的创新设计能力。应进一步促进信息化与轻工生产技术的深度融合，解决技术上的障碍，优化信息技术条件下轻工产品整体解决方案的可操作性。应出台相关政策，鼓励将生产外包品牌营销模式的服务型制造企业能够与传统的生产型制造企业平等参与政府和军队等的招投标项目。应结合行业特色，加强信息化技术、创新设计、品牌营销等服务型制造人才培养体系的建设，完善相关院校和科研机构的建设，提升轻工行业整体的制造和服务能力。

9

纺织鞋服制造业服务转型探索

韩永生[1] 李世其[2] 付 艳[3] 李兴森[4] 杨立熙[5]

1 中国科学院软件研究所教授；
2 华中科技大学教授；
3 华中科技大学教授；
4 浙江大学宁波理工学院教授；
5 福州大学教授。

一、纺织服装行业服务型制造的现状分析

在全球经济延续弱复苏趋势下，2014 年全球服装行业的市场需求有所恢复。2014 年上半年我国服装出口由弱到稳后逐月回暖；国内需求，因经济虽有起色，但居民收入增长放缓，而消费增长动力不足。我国纺织服装行业正从高速增长向中速平稳增长过渡。

各种新型贸易保护措施的不断出台，发达国家绿色标准门槛的提高，周边发展中国家以更低劳动力成本形成更强的粗加工竞争力，导致我国服装产业继续粗放型发展的利润空间逐渐缩小；我国服装行业急需转变发展方式，加快结构调整，深化产业链上下游协同创新，建设现代产业体系，以适应中国工业化中后期科学发展的新要求，把握在全球经济分工中的新定位，创造参与国际经济合作与竞争的新优势，力争通过不断创新，实现产业由大变强。

本章根据纺织鞋服行业最主要 36 家上市公司 8~10 年的经营数据，重点分析 36 家最具有代表性的纺织、服装、运动鞋业公司。我国纺织鞋服上市企业净资产投资回报率自 2008 年开始普遍下滑，2011 年行业利润加快整体下滑，净资产投资回报率下降 10%，库存与应收款持续上升，销售收入自 2012 年开始连续下降，整个行业经济处于下行趋势，如图 1 ~ 图 4 所示。但是，在这样背景下，以百丽、海澜之家、青岛红领、韩都衣舍、海天科技等企业有很强的竞争力，快速持续成长。

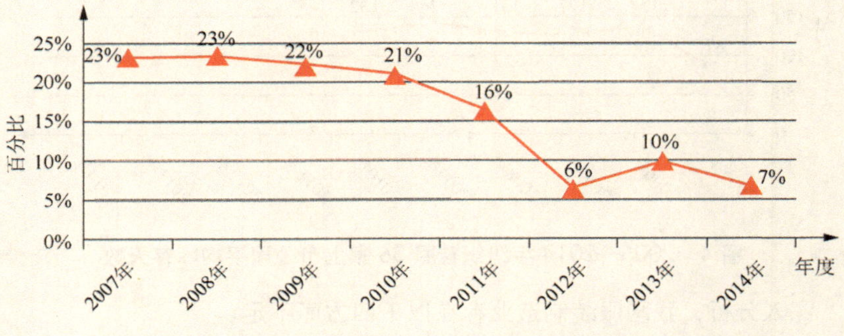

图 1　2007—2014 年 36 家纺织鞋服上市企业平均净资产投资回报率

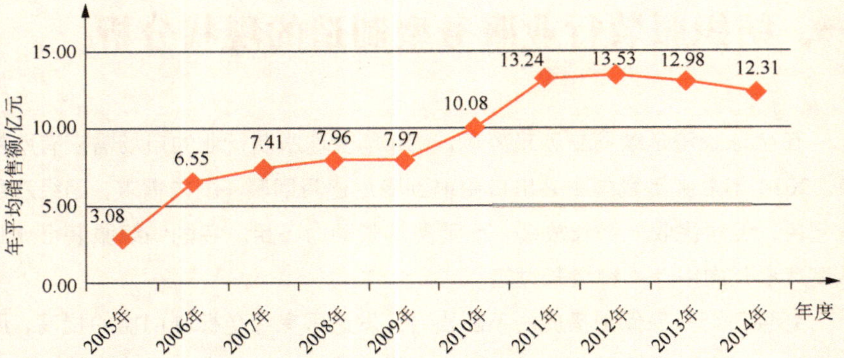

图 2　2005—2014 年纺织鞋服 36 家上市公司平均销售收入

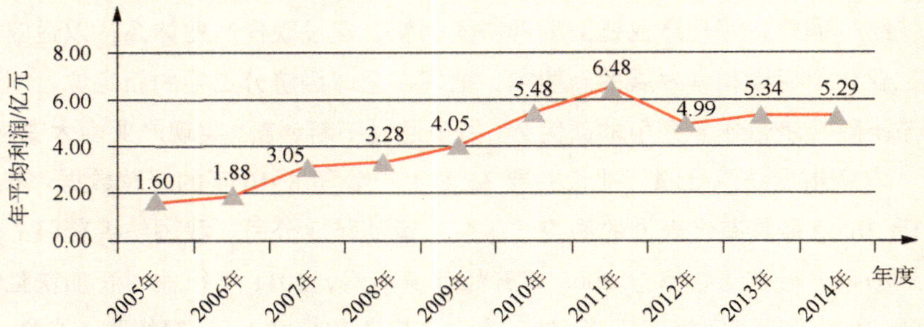

图 3　2005—2014 年纺织鞋服 36 家上市公司平均利润

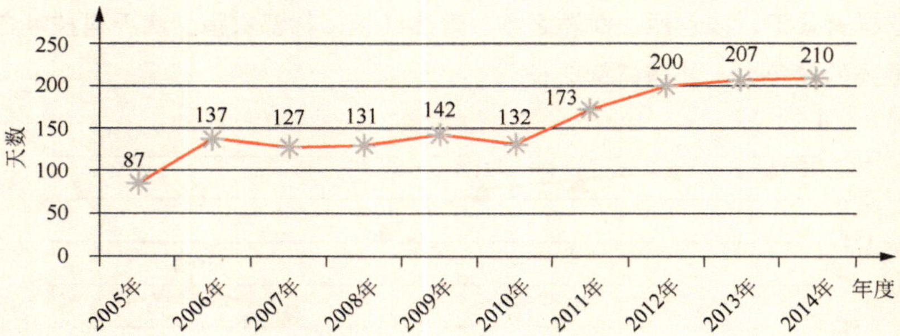

图 4　2005—2014 年纺织鞋服 36 家上市公司平均库存天数

深入分析，我国服装制造业存在以下四方面不足。

（1）制造模式发展不均衡。服装制造业生产包含三种方式，即大批量标准化生产、多品种少批量柔性生产和大规模定制。大批量标准化生产方式在工业自动化技术推动下，已经有较好基础；多品种少批量柔性生产和大批量定制生产还只有成功个案。

（2）制造周期覆盖不完整。我国的服装制造实际只涉及整个制作周期的三分之一，即只完成了制造的前期工作，包括论证、设计、生产加工和经营，制造的中期和后期工作，即维护保养、管理，以及服装报废、回收工作基本没做，还有很多有价值的工作可以挖掘。

（3）全产业链联盟尚未建立。服装制造可细分为市场信息、设计、原料采购、加工生产、分销和物流配送等具体环节。我国服装制造业还不能利用网络将这些环节连接形成网络联盟制造。

（4）互联网+新模式有待推进。我国服装企业基本都依赖自身制造能力，没有充分利用信息网络的交叉融合功能，为服装制造提供集成服务。我国服装制造业应该充分利用信息网络实现“互联网+”与行业结合的新模式，形成新的网络制造生产力。

目前，雅戈尔、七匹狼、绍兴网上轻纺城、好购网、男装定制品牌“私家裁缝”、恒龙等服装企业已对云数据和云定制模式进行了有益的探索；淘宝、天猫已在利用大数据制定纺织品质检规范细则；纺织服装产业链上中下游企业也在结成行业发展战略同盟，开展协同创新、知识网络协同、纺织印染智能生产、服装裁剪加工等多价值链服务，响应个性化市场需求。例如，泉州以海天科技为龙头产业构建的区域性产业生态，力求通过全产业链生产资源的协同，快速响应市场需求，有效配置闲置资源，以获得多途径的产业收入。

二、行业典型案例

本章通过公开数据分析、文献调研、企业访谈对部分典型企业进行了深入分析，形成如下案例，以便从微观层面深刻阐述纺织服装行业的服务型制造方式。

红领集团的大规模定制

红领集团位于青岛，是生产经营高档西服、裤子、衬衣、休闲服及服饰系列产品的大型企业，在全国业界有广泛影响力。

该集团创立于 1995 年，2000 年成功进行股份制改造，总资产 12 亿元，年销售收入近 10 亿元；下设 3 家子公司、15 家分公司、5 个国外分支机构和两个工业园区，包括西装厂、衬衣厂和休闲裤厂三个专业研发制造工厂；通过了 ISO 一系列质量和管理认证，主要承接西服、衬衣、领带、休闲装、职业装、运动装、防寒装、夹克等的大规模定制业务。

2003 年，该集团开展信息化工作，积极探索传统产业的升级改造。自 2012 年起，我国服装制造业订单快速下滑，大批品牌服装企业遭遇高库存和零售疲软的局面，企业经营跌入谷底。2014 年上半年 33 家服装上市公司整体营收减少 2.6%，净利润减少 3.6%。而红领集团却完成了大规模个性化定制模式的最终调试，迎来高速发展期；2015 年 7 月，红领集团面向终端消费者，开通了线上定制平台；消费者可直接在网上下单，自主选择设计元素，输入自己的量体数据，便可实现个性化定制。定制业务年均销售收入和利润增长均超过 150%，年营收超过 10 亿元。

红领集团应用互联网思维，创建了颠覆传统制造业的商业模式——大规模定制。这种模式借助互联网搭建起消费者与制造商的直接交互平台，去除了商场等营销渠道的中间环节；从产品定制、设计生产到物流售后，全过程依托数据驱动和网络运作，实现了高端的量身定制；通过全面改造业务和管理流程，建立起柔性和快速响应机制，实现了产品多样化的大规模定制生产。

红领集团搭建的互联网个性化定制平台，在快速收集顾客分散的个性化需求数据的同时，消除了传统中间流通环节导致的信息不对称和代理成本，极大降低了交易成本，能迅速响应客户需求变动和负责产品质量。

传统服装定制中，“打版”是最考验裁缝的技艺。人工打版速度慢，且成本高。红领集团自主创新了智能量体系统，改变传统测量规则，研发小型激光设备精确获取人体三维数据，能在 5 秒内完成人体全身扫描，采集 19 个部位数据，为服装个性化定制的工业化生产提供了基础条件。过去 10 多年里，红领集团积累了超过 200 万顾客的个性化定制的版型数据。

红领集团的个性化定制平台的款式数据和工艺数据囊括了几乎全部的设计流行元素，能满足超过百万万亿种设计组合，能够覆盖 99.9%的个性化设计需求。顾客利用该平台提供的多种款式、版型、工艺、尺寸模板，可自由选择搭配，进行自主个性化设计。智能系统根据顾客提交的数据，自动对比和输出尺码、规格号、衣片、排料图、生产工艺指导书，以及订单等标准化信息，把个性化信息变成标准化数据，并传输到生产部门进行生产。

红领集团创新设计了基于数据的标准化生产线，包含 20 多个子系统，全部以数据驱动。经过 CAD 部门的大数据制版后，顾客订单信息传输到布料准备部门，裁布机器自动按照订单要求裁剪布料，并给裁剪后的布料佩戴一个射频识别电子标签。工人根据射频电子标签，进行手工或是半机械缝制。个性化定制系统还可根据每个工人的技能水平和擅长工艺推送适合的订单。从下单到生产，每件服装只需要 7 天时间，两周之内就能寄到顾客手中。服装的生产周转越快，生产效率越高，车间成本越低。

我国服装市场一年库存量保守估计有 4000 亿人民币规模，通过智能系统，红领集团实现了西装的个性化定制生产，以定制方式实现了成品零库存。红领生产车间里挂着的每一件西服，都是已经销售出去的产品，都是可以计算的利润。

红领集团的大规模定制不仅是对服装的定制，也是对员工技能的定制。定制生产能保证满足顾客需求，减少库存，甚至零库存；员工技能定制能充分展现员工所长，减少生产瓶颈，达到效率最大化。大规模定制的前提是智能系统，而大量数据的学习又使这个系统更加智能。

红领集团“互联网+服装定制”的探索，为服装行业开拓了新的想象空间；在此基础上，已经有其他服装企业进一步发展全面互联网模式，将每台缝纫机作为独立信息终端，直接与云平台实现交互共享，所有原料辅料全部被编码成云平台可以识别的数据语言，在生产线上进行传输和生产。

百丽国际的销售网络和品牌建设

百丽集团源于香港，从女鞋制造起家，后引入中国大陆，并于 2007 年上市。

制鞋业是典型的劳动密集型制造业。近年受国际贸易壁垒、人民币升值、原材料价格上涨及劳动力成本上升等因素的影响，我国制鞋业开始面临严峻的挑战，大批制鞋企业面临生存危机。如何从低端市场走向中高端市场，从追求数量向追求品质和效益转型成为中国制鞋业的当务之急。

为保护品牌和增强销售渠道，百丽集团从 1994 年起将分销批发改为连锁零售。百丽集团保留了 16 家分销商，其任务是帮助公司发展直营连锁和特许连锁网点。1995—2001 年，百丽集团在全国布置了五六百家连锁零售网点，迅速扩大了市场，百丽女鞋一举成为女鞋产销量最大的品牌。

2004 年，百丽集团投资 1 681 家零售店，通过改变签约的方式，将其转移至百丽国际旗下，完成了对这些鞋业零售资产的收购。百丽零售业务迎来历史最快增长，内地又新增了 1 440 多家零售店。

百丽集团在扩大零售渠道的同时，从没放弃过对核心渠道的建设。该集团总是不遗余力地在好的百货商场拿下好的地段。截至 2006 年 12 月，其百货商场销售额占总销售额的 74.3%。

依据强大的零售渠道，百丽集团开展面向多个细分市场的多品牌战略。

2000 年起，百丽集团在最初的品牌“百丽”之外，陆续推出天美意、思加图、他她、妙丽等多种品牌，同时取得 Bata，ELLE，BCBG，Mephisto，Geox，Clarks 等国际品牌的特许使用权，进一步占领中高档女鞋市场。目前，百丽集团将品牌线定位于售价在 40～200 美元的国内品牌、国际及国内品牌和国际名牌这三个最具增长潜力的女鞋细分市场。

为满足多品牌销售需求，减少库存和滞销，百丽集团在设计生产方面采用消费拉动的多品少量及时生产的商业模式。

百丽集团在产品设计、生产、配送和终端渠道上实行有统有分、灵活有序的策略：产品由各品牌设计团队独立设计，产品订单由各区根据实际情况下达；分散鞋厂以利用各地资源和低廉劳动力；集中统一仓储物流以最大限度利用资源和节省配送成本；捆绑进入零售终端以提高议价能力和形成多品牌之间的带动和协同效应；独特的反馈和补单机制以迅速应对多变的市场环境。这些环节构成了一条强大的供应链，支持着百丽的高盈利和高增长。

百丽集团除自有品牌外，还代理 Bata，BCBG，Elle，Scholl，Fiorucci，Clarks，Geox 等国际品牌。这些品牌之所以与百丽合作，看重的正是百丽庞大的渠道资源。百丽集团和这些品牌实行错位经营，不互相竞争；反而通过增加国际品牌的代理分销，有利于加强百丽的品牌知名度和品牌覆盖度，进一步占领女鞋各个细分市场。

百丽集团还兼并收购了奥斯国际的“妙丽”品牌、中国男鞋的第一品牌“森达”、香港鞋业巨头“美丽宝”旗下的“真美诗”和“美丽宝”品牌等，进一步丰富旗下鞋类品牌，同时将被收购企业的渠道整合入自身的零售网络。

从一个香港代工制鞋企业到我国鞋业超级王国，百丽集团先从销售渠道发力，建立起令竞争对手望尘莫及的零售网络；然后依靠渠道优势，实行多品牌战略，进军多个细分市场，扩大市场占有率；同时不断拓展业务领域，从女鞋向运动鞋、男鞋延伸；并将产品设计、订货、生产、配送等环节牢牢掌握在自己手中，以灵活应对多变市场环境。上市之后，百丽集团凭借资金优势，展开收购行动，进一步丰富品牌、扩张网络、拓展业务，加速行业整合。

海天时尚梦工厂的网上服务平台

创立于 1994 年的泉州海天材料科技股份有限公司（以下简称“海天科技”）是一家集产品设计、材料研发、面料织造、染整印花、面料复合、服装加工的高科技纺织企业。海天科技在上海建立研发和市场推广中心，泉州建立织造、染整、服装生产基地，厦门建立纺织品进出口基地，形成能够快速反应的纺织服装供应链体系，成为国内功能性面料研发生产与集成创新的龙头企业。自 2008 年后，海天科技连续入围中国针织行业竞争力 10 强和中国纺织服装行业竞争力 500 强企业。

很长一段时间，海天科技都主要是为国内外顾客提供纺织新材料（纱线）、针织面料、家用纺织品、产业用纺织品以及运动休闲服装等系列产品，盈利模式单一。当纺织服装开始个性化、差异化消费时，海天科技遇到了前所未有的挑战，为迎接挑战，海天科技开启了服务型制造的有益尝试。

海天科技为此专门成立了海天时尚梦工厂。该工厂通过整合全产业链资源，将产品设计、快速打样、染整印花术、织造等技术进行服务化，并将服务对象从内部供应链拓展到全产业链，提升了企业的价值增值能力。

海天时尚梦工厂为解决服装设计师通常面临的，缺少资源和资金，设计作品难以快速成样，设计版权缺少保障等困难，搭建了设计师创意创业平台。该平台收集了源自于电子商务、社交媒体系统的碎片化产品需求数据，应用大数据挖掘技术，为服装设计师的产品创意与研发提供决策支持。该平台不仅建立了知识素材库，以提供丰富的设计素材，还建立设计打样工作室，以实现产业链协同设计。该平台还建立起设计效果评估和消费者票选平台，以及设计成果选货平台。

时尚梦工厂还建立了由快速打样中心和批量生产线组成的快速交货系统。快速打样中心具有柔性化的多品种小批量生产能力，能够快速将设计师创意形成样衣，大大缩短了产品面市周期；而批量成衣生产线可根据市场需求程度，组织柔性化批量生产，缩短订单交货时间。

海天科技依靠自身强大的产品研发、打样及生产管控能力，以全流程数字化印染自动化控制系统为基础，整合设备制造商、染化料助剂商、原材料供应商，构建了行业协作平台。该平台收集了海天科技印染过程控制历史数据和相关知识，基于大数据分析平台，为集团内部印染企业生产控制提供强有力支持。其他中小印染企业也可通过购买该协作平台提供的新品开发、快速打样、标准制定和检验检测等服务，大大降低了中小企业的研发设计和生产成本。

韩都衣舍的快速反应小组

创立于 2006 年的韩都衣舍企业致力于为都市时尚人群提供高品质流行服饰，其产品款式多、更新快、性价比高，深得消费者喜爱和信赖，已成为我国最大的互联网时尚品牌运营企业。

2008—2014 年，韩都衣舍的销售额成长了 500 多倍，从年收入 300 万元的小企业发展成为年收入 16 亿元的电商黑马。韩都衣舍用短短几年时间走完了传统品牌需要十几年的路程。在发展过程中，韩都衣舍找到了适合自身发展的管理模式，即电商圈里赫赫有名的“以小组制为核心的单品全程运营体系”。

单品全程运营体系是指对每一款产品，从设计、生产、销售都以产品小组为核心，企划、摄影、生产、营销、客服、物流等相关业务环节配合，形成全程数据化、精细化的运营管理系统，多款少量，以销定产，最大限度地发挥互联网优势，建立起款式多、更新快、性价比高的竞争优势，可以有效解决服装行业头痛的库存问题，也可以极高性价比给顾客提供更多的商品选择。截至 2015 年 7 月，韩都衣舍共有 300 个产品小组。它们是公司的发动机，独立核算，独立运营，全权负责产品设计、页面制作、库存管理、打折促销等非标准化环节；保证了企业年度库存周转率 6 次以上，当季售罄率达到 90%~95%。

企业的业务运营支撑系统为每个产品小组能够成为真正的自主经营体，提供精确高效的全方位数据化支持；重点构建了可以细分到每一款商品的精准的运营数据体系，将电子商务平台的前端数据、内部系统中的销售、发货、库存、采购等数据进行集成，并按照精确粒度进行划分，形成结构化的数据模块。

韩都衣舍通过企业官网，打通了手机顾客端和 PC 端的用户数据，顾客无论采用手机还是 PC，都可查询顾客信息、订单信息、优惠信息等全部数据；并通过打通手机顾客端和部分第三方顾客端，形成全方位顾客需求追踪平台。各产品小组通过分析线上服装首单试销数据，快速生成订单追加结果，以小批量多频次的方式反复多次追加，以有效控制滞销款，降低库存风险，也降低了每款服装从设计到上线的周期。

网上销售的订单具有突发性，需要企业提高快速反应能力。把传统大流水线打散成韩都衣舍的产品小组，可以说是将适应外贸大单的兵团作战，改造为更适应网上销售时代的快速反应部队。

三、探索与体会

纺织鞋服业服务转型的战略意义

我国是世界最大的鞋服消费国，也是世界上最大的鞋服生产国。作为劳动密集型产业，纺织鞋服行业在吸收就业、稳定社会方面起着重要作用。2009 年我国纺织品出口额达到 1 713 亿美元，占全国出口总量的 20%，是全球纺织品出口总量的三分之一。从 2011 年底开始，由于原材料、劳动力成本和店铺租金等的上涨，国内纺织鞋服行业景气度开始下降，行业整体陷入低迷。2014 年上半年，我国鞋服行业规模以上企业产量虽有小幅增长，但其余企业的产量依旧下滑，行业总体产量与上年同期基本持平，盈利能力未见明显改善。我国鞋服行业缺乏国际鞋服著名品牌，主要依赖低成本优势参与市场竞争；目前正面临国际市场上更加激烈的竞争和产业升级压力，迫切需要服务转型，以打造国际品牌和提升产业利润。

新型纺织技术及材料在国防军工、航空航天、交通运输、环境保护、医疗卫生等产业中的应用和开发已成为纺织行业新的研究方向。发展纺织行业对于国家有重要战略意义。

随着经济发展，人们的纺织品需求不再局限于鞋服和家纺，而扩展到多功能纺织产品，纺织品消费结构发生变化；产业用纺织品与新材料产业紧密相连，与新能源、新医药等新兴产业也有广泛联系；产业用纺织品不断涌现出许多新技术、新材料，被广泛用于建筑工程、生命科学、航空航天、医疗行业、节能环保、清洁能源等各个行业，促进了纺织产业与战略性新兴产业的技术融合。

随着线上线下经营的相互融通，基于实体和虚拟的发展模式应运而生，互联网、云端、物联网、大数据都对鞋服行业的发展起着举足轻重的作用。

目前，我国规模以上鞋服企业的服务比例偏低，服务化水平不高，主要表现为量体定制、供应链优化及互联网众筹等模式，更深层次和大规模的服务型制造案例不多。如何提高自主创新能力，加快以先进技术改造传统产业，实现产业结构调整和产业升级，培育自主品牌，提升产品附加值和市场竞争力，是我国纺织鞋服业服务转型必须面对的切实问题。

面对经济全球化、消费需求多元化，以及高能耗和环境污染压力，我国纺织鞋服行业由传统生产性制造向服务型制造转型，存在着人员素质、产业结构、产品同质化和环境可持续发展等突出问题。

纺织鞋服业服务型制造主要模式

服务贯穿于纺织鞋服产品的设计、制造、营销、售后的全生命周期各个环节。实施服务型制造，鞋服企业需要通过整合行业内各企业服务资源，延伸加工制造环节，聚焦服务环节，融合产品与服务，提升产品价值。

1. 聚焦基础服务

产品研发、设计、营销和售后是产品的基础服务。聚焦基础服务是纺织鞋服企业实施服务型制造的最基本模式。采用该模式的企业以基础服务为突破口，提升服务利润，增强顾客忠诚度。

百丽集团坚持创新设计才是企业的生命力，经过多年发展，形成了突出的研发能力，每品牌每季度平均能推出 300~400 种新鞋款式。

2. 产品衍生服务

主动为顾客提供产品衍生增值服务是纺织鞋服业实施服务型制造的又一模式。例如，纺织鞋服企业可以与金融机构合作，为顾客提供产融一体化服务，既完善了产品增值服务又便于挖掘潜在顾客。纺织鞋服企业基于产品的衍生服务主要包括金融、保险、物流、电子商务和供应链管理等业务。

七匹狼公司资金流充裕，但其产业链内有些相关成员企业资金不平衡问题比较突出，需要较大信贷资金。七匹狼设立财务公司，实施供应链内部“准银行”功能，帮助产业链内营销公司、加盟商和面辅料供应商等几百家公司，降低上下游企业的融资成本，有助于七匹狼公司主业的拓展。

3. 全面解决方案

纺织鞋服企业可以整合产业链内资源，为顾客提供涵盖技术、管理、金融和保险等服务的全面解决方案。

海澜之家主要依靠加盟店进行外延扩张。不同于传统加盟模式，公司没有设置各级代理，所有加盟商均直接与公司签订协议。加盟店成为海澜之家的顾客，海澜之家为其提供全面解决方案。

海澜之家负责加盟店管理人员和营业人员的招聘、培训、录用、解聘和管理，负责制定管理人员和销售人员的报酬标准，负责管理铺货、补货和应季换货等具体经营活动。公司拥有 200 人以上的职业店长团队，还有专门巡检员，负责所有门店的抽查监管。海澜之家还有 100 多名专业的渠道拓展员，主攻二/三线城市核心商圈，通过严密的数据分析测算商圈综合能力，选定达标门店后反馈给加盟商。所有门店的内部管理统一由海澜之家负责，“千店一面”。

4. 价值网络整合

服务型制造企业的价值源由产品转向产品服务的同时，以顾客为中心，强化供应链中生产制造环节两端的发展，进行价值链的网络整合，与供应链上下游企业及生产性服务企业分工协作，优势互补，扩大自身价值链的辐射范围，共同为市场生产产品和提供服务。

由于纺织鞋服业在成本、品质、服务、资源、产业链等方面都存在激烈竞争，整合价值网络是实现企业成功转型的关键。鞋服企业以顾客为中心，强化供应链研发与服务环节，与上下游企业及生产性服务企业分工协作，进行价值网络整合和优势互补，以共同提供产品服务。

海天科技以全流程数字化印染自动控制系统为基础，整合设备制造商、染化料助剂商、原材料供应商，构建行业协作平台，提供中小印染企业使用，大大降低了中小企业研发设计和生产成本。

纺织鞋服业服务型制造基本路径

纺织鞋服业应该融合信息化与服务型制造，从单纯物流链向制造增值链发展；以此作为向服务型制造转型的基本指导思想。

传统纺织鞋服产业链是以供货商、制造商和顾客为轴线形成的单一的物流体系，其核心在于通过信息沟通，利用空间、时间效应和价值效应实现价值增值；其最大问题在于仅仅关注降低物流成本，而创造利润的手段匮乏。服务型制造网络与传统物流供应链体系的融合产生物流、信息流、资金流、价值流和服务流；其价值流通过一系列主动服务带来连续的价值增值。

纺织鞋服业实施服务型制造必须依托信息化平台和强大信息化技术的支持。一方面，服务型制造企业运营是全产业链上制造企业、生产性服务单元和顾客等多种要素的协同展开，信息化平台是集成各要素之间错综复杂的物流、服务流、信息流、资金流的保障。另一方面，服务型制造企业交付给顾客的产品及服务日益复杂，全价值链活动离不开信息技术的支撑，例如鞋服产品设计、快速打样需要借助计算机辅助开发技术，销售过程中的三维虚拟试穿技术等。信息化与服务型制造存在相互推动与促进的关系。服务型制造加速和提升信息化发展，信息化的推进反过来又加快了服务型制造进程。

我国纺织鞋服业应充分把握互联网给予传统生产与营销方式的巨大变革契机，深度融合信息技术、先进制造技术和现代管理技术，深入研究细分市场，积极创新，发展高技术、时尚化、差异化的产品，解决产品同质化竞争问题，从而提升产品附加值。鞋服企业的服务型制造模式包括，面向市场的弹性快速供应服务模式；面向消费者的量体定制服务模式；面向消费者的设计、供应、体验一体化模式；从销售商品转型为销售服务与解决方案模式等。

纺织鞋服业服务型制造发展策略

互联网、移动互联网、大数据、物联网、云计算等新一代信息技术与制造业的深度融合，为纺织鞋服业的生产模式与商业模式创新，为服务转型带来新的动力。依据现实发展现状，我国纺织鞋服业的服务转型还应实施以下策略。

1. 建立企业聚集机制

应支持纺织鞋服业发展骨干龙头企业，鼓励其实行品牌化、网络化、服务化经营，建立以骨干龙头企业为中心的聚集机制，逐渐形成由骨干龙头企业、一批中小型制造型企业和生产性服务企业构成的服务型制造网络。

2. 扩展制造增值链

应从单纯物流供应链向制造增值链转变；应注重供应链各个环节的核心能力，实现专业化分工合作，保持供应链中物流、信息流、资金流、价值流和服务流的相互贯通，通过供应链各环节的有效整合，为顾客提供主动的全方位服务。

政府应以产业政策引导，为供应链向增值链的升级发展提供条件，整体规划供应链网络所需的基础设施建设，提高整合效率，避免重复建设和资源浪费。

3. 转变商业模式

应从传统预测型推式供应链向面向市场的拉式供应链转型，实现产供销同步，提高库存周转；促进企业向终端市场快速反应、高可得性、低库存管理为核心的服务型制造管理模式转变。

4. 推行定制化生产

应引入顾客个性化设计理念，基于互联网，建立产品定制服务平台；应用在线产品选配、3D 扫描和建模技术、大数据技术、移动终端订货应用等技术，实现按需设计、按需采购、按需生产和按需交付的“个性化、小批量、短交期”C2B 和 O2O 定制生产模式。

5. 开拓研发设计

应加强企业研发设计人才队伍建设，进一步开展企业技术创新开放合作，通过自建与引进研发设计中心和搭建工业设计服务平台，推动工业设计成果转化，发展高技术、时尚化、差异化的纺织鞋服产品，以创新设计提升产品附加值和市场竞争力。

6. 推进电子商务

应推进纺织鞋服业的电子商务差异化、专业化、品牌化、诚信化和移动化发展，构建整合生产制造商、批发零售商、网络运营商、金融服务机构、现代物流平台、中介服务机构、技术支撑机构等跨行业主体参与的纺织鞋服电子商务生态圈。

7. 发展现代物流

加快纺织鞋服业物流服务体系的标准化和信息化建设，建立整合有效数据的物流公共信息服务平台；提升供应链物流信息化发展水平，为纺织鞋服制造企业提供信息、交易、保税、仓储、货代、外贸、金融等全流程一站式服务。

8. 完善金融服务

支持纺织鞋服龙头企业成立集团财务公司，依托龙头企业的信用，有效整合产业链上信息流、物流和资金流，面向产业链上下游企业开展“一对一”或“一对多”的综合融资及信贷服务；支持建立政银企供应链金融公共服务平台，发展供应链金融服务。

10

世界知名制造企业的服务型制造转型

朱森第[1] 蔡惟慈[2] 惠 明[3] 高英杰[4]

---

1 中国机械工业联合会顾问、国家信息化专家咨询委员会委员，教授级高级工程师；
2 中国机械工业联合会特别顾问，教授级高级工程师；
3 中国机械工业联合会，咨询服务与专家工作部副主任，教授级高级工程师；
4 中国机械工业联合会，咨询服务与专家工作部主管，工程师。

为了探索我国制造业向服务型制造转型的路径，借鉴发达国家的先进经验，我们观察了具有代表性的美国通用电气公司（GE）、国际商用机器公司（IBM）等发达国家知名制造企业，研究它们向服务型制造转型的经验和取得的成绩，目的是为中国的制造企业向服务型制造转型升级提供示范与借鉴。

一、美国通用电气公司的服务性收入

美国通用电气公司（GE）是实施多种经营的著名跨国企业，在2015年《财富》世界500强排行榜中位列第24位，公司主要经营业务包括基础设施建设（能源、交通装备等）、工业产品生产、健康保健、消费者和企业金融、环球广播服务等。

2003—2008年，GE服务收入和所属通用电气信贷公司（GECC）[2]的金融服务收入（GECC revenues from services）持续上升，2007年GECC金融服务收入占GE集团总收入比达到40.5%。受2008年的金融危机和美国“制造业回归”战略的影响，GE自2010年开始尝试削减面向消费者和房地产的金融服务业务，保留了面向工业部门的金融服务业务。例如，捆绑飞机租赁的航空金融服务（GE Capital Aviation Services，GECAS）、能源金融服务（Energy Financial Services），以及面向医疗部门（Healthcare）的金融服务。2010年GE服务收入（不含GECC金融服务收入）占集团总收入之比为26.5%。自2012年开始，GE产品收入占总收入的比重超过GE服务性收入。2014年GE服务收入（不含GECC金融服务收入）占集团总收入之比降为20.3%；加上GECC金融服务收入，其占总收入比重为47.9%，如图1所示。

根据GE营业收入构成（见图1）及产品、服务的毛利率对比（见图2）情况，可以看出GE服务收入对GE营业收入的重要贡献。GE集团服务收入占

[2] 注：通用电气信贷公司（General Electric Credit Corp.，GECC）为GECS全资附属公司，GECS为通用电气公司「GE」拥有99.81%股权之附属公司。2011年及之前年报均统计为GECS，2012年及以后年报为GECC。

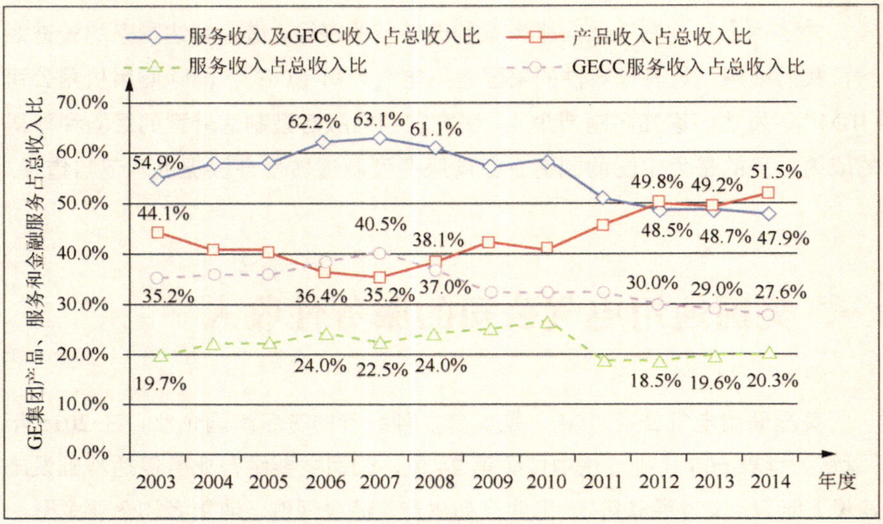

图 1　GE 集团产品、服务和金融服务收入占总收入比重

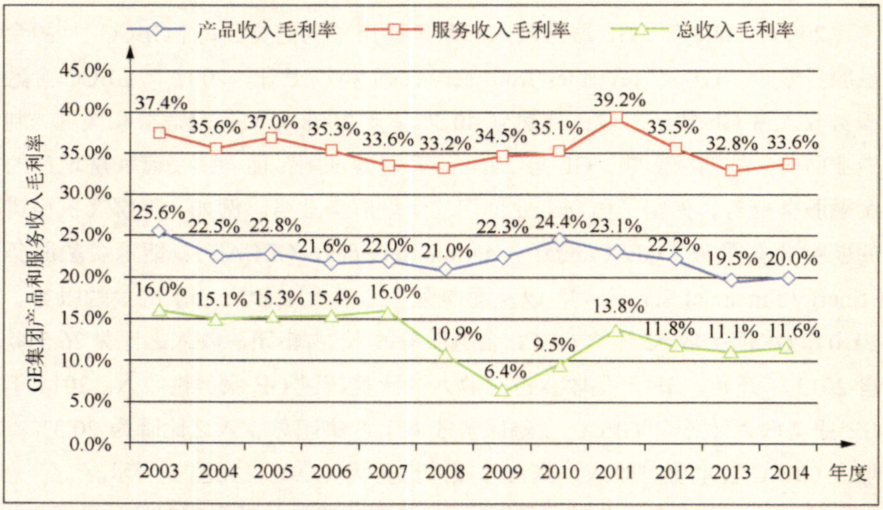

图 2　GE 集团产品和服务收入毛利率对比[3]

---

[3] 数据来源：GE 集团 2003—2014 财年历次年度报告。①2003 年、2004 年、2006 年的数据为修正后的数据；②服务收入不包含 GECC 金融服务收入；③毛利润、毛利率及收入占比情况根据年报中 “Revenues and other income”、“Costs and expenses” 披露数据而计算得出。④由于其他业务亏损、坏账计提(provision for losses)、其他成本和费用（other costs and expenses）以及内部交易扣除等原因，总收入的毛利率低于产品毛利率与服务毛利率之和。

集团总收入比一直为 20%左右，但服务收入毛利率一直高于产品收入毛利率 10%左右，高于集团全部收入毛利率 20%左右。

对于企业而言，利润较收入更为重要。以“利润-收入贡献度”[4]考察产品和服务分别对于总收入和总利润的贡献可以发现，虽然服务在收入的贡献方面不及产品（见图 1），但在对集团的利润贡献方面，服务高于实物产品（见图 3）。

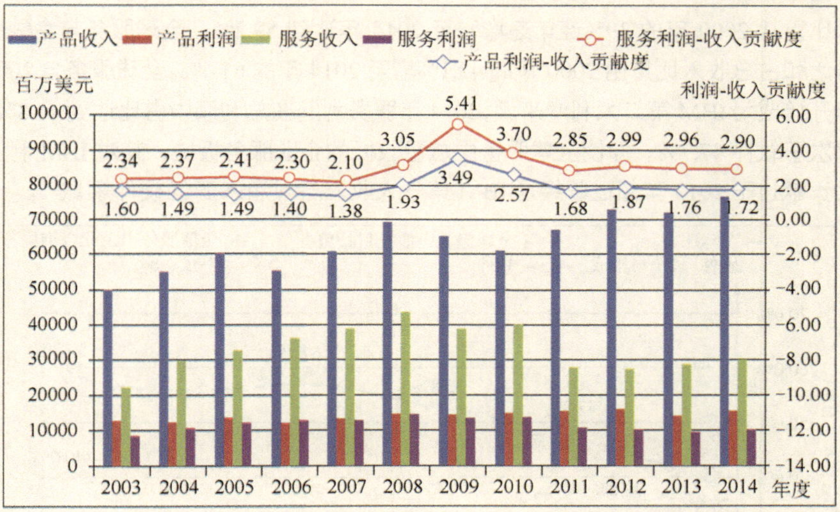

图 3　GE 集团产品与服务的收入、利润以及贡献度对比[5]

二、美国国际商用机器公司的服务业务及其收入

从 20 世纪 60 年代到 80 年代，美国国际商用机器公司（IBM）专注于计算装备的开发和完善，成为世界计算机制造领域巨头。然而，随着规模的不断扩大，IBM 公司的创新活力与经营效益逐渐降低，90 年代之后，被戴尔、康柏等后起之秀企业拉下领先地位。1993 年，IBM 全球亏损 160 亿美元。

[4] 利润-收入贡献度=产品（或服务）利润占总利润比/产品（或服务）收入占总收入比 × 100%。

[5] 注：本图数据根据 GE 历年年报数据计算得出，此部分服务收入不包含 GECC 板块的金融服务收入。

面对困境，IBM 公司在财务控制、品牌和企业文化等方面积极采取战略性措施，力求将公司从一个硬件设备生产厂商转变成服务主导企业，其服务性收入不断攀升（见图 4、图 5 和图 6）。IBM 服务收入在 1994 年为 97.1 亿元，1995 年达到 127.1 亿元，成为公司的第二大收入来源；从 2001 年开始，服务收入成为公司第一大收入来源，当年达到 349.56 亿元，占总收入的 42.1%。IBM 的全球服务从 2001 年开始一直成为公司第一大收入来源，全球服务收入占总收入比重从 2000 年的 39%连年递增，至 2014 年达到 59.2%；全球服务与金融服务之和占总收入比重由 2000 年的 43.1%增至 2014 年的 61.4%。全球服务自 2007 年开始成为 IBM 第二大利润来源，2014 年服务利润在总利润中占比达到 41.8%，仅次于软件 47.7%。即使全球服务中总量较低的企业服务板块，其对 IBM 利润的贡献也于 2013 年超过曾经是 IBM 第一大收入与利润来源的硬件领域[6]。

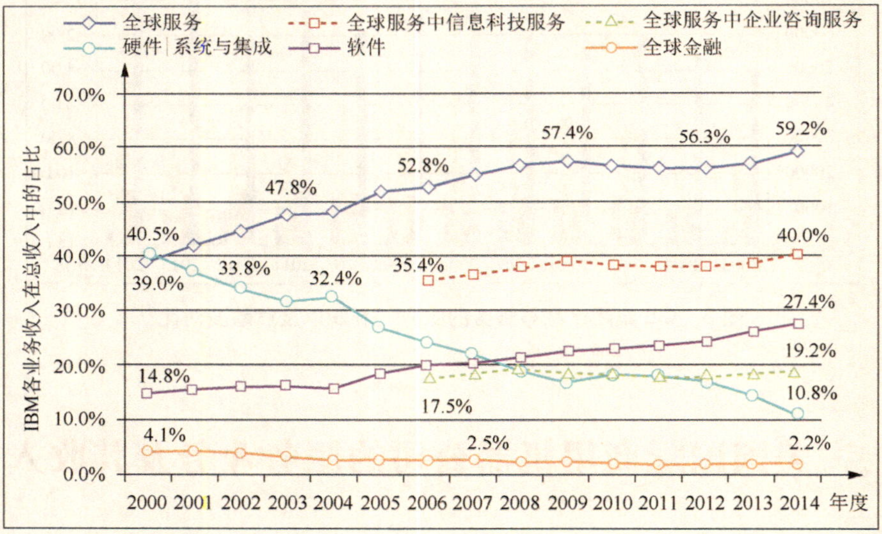

图 4　2000—2014 年 IBM 各业务收入在总收入中的占比[7]

[6] 由于软件产品相较于硬件产品在设备与人员投入、生产制造、批量复制及产品定价等方面的特殊性，本部分的比较重点在于 IBM 的服务业务与 IBM 的硬件业务，借以说明 IBM 的服务型制造转型取得的成绩。

[7] 数据来源：IBM 2001—2014 财年历次年度报告。

注：①2005 财年后，业务划分发生变化，相应业务分类采用最近年报中的业务划分。2005 财年后，Global Services 细分为 Global Technology Services 和 Global Business Services，并分别统计。②Systems and Technology 部分 2000—2005 财年数据应为硬件（Hardware），自 2006 财年开始 Hardware 改为 Systems and Technology。③表中 2006 财年数据均采用 2007 财年年报披露的修正后的 2006 年数据。

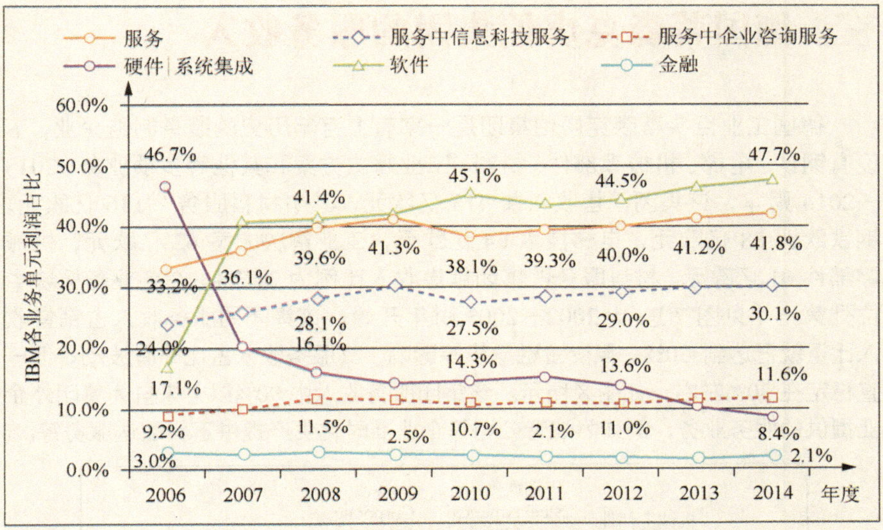

图 5　2006—2014 年 IBM 各业务单元利润占比[8]

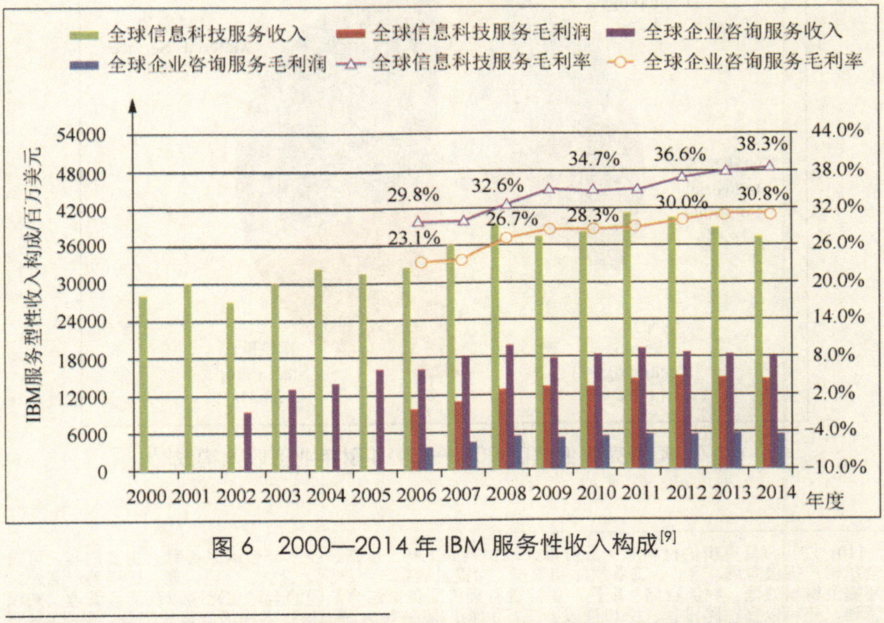

图 6　2000—2014 年 IBM 服务性收入构成[9]

[8] 数据来源：IBM 2001—2014 财年年报，根据年报中 Global Services 部分数据整理。2000—2005 年全球信息科技服务收入为根据年报中数据计算得出，供参考。

[9] 数据来源：IBM 2001—2014 财年年报。各财年年报中关于服务性收入（Global Services Revenue）的业务划分经历 5 次变化，本图仅反映 Global Services 划分为 Global Technology Services 和 Global Business Services 两大类后的数据。

三、德国蒂森克虏伯集团的服务收入

德国工业巨头蒂森克虏伯集团是一家有上百年历史的装备制造企业，下设有钢铁、电梯、机械零部件、材料、工业解决方案和其他等多项业务。2013—2014 财年，该集团销售收入共 413 亿欧元，其中材料服务[10]136 亿欧元，钢铁欧洲 88 亿欧元，电梯技术 64 亿欧元，工业解决方案 62 亿欧元，机械零部件 61 亿欧元，材料服务占集团销售收入比例为 31.3%，在各业务板块中位列第一（见图 7）。从 2002—2003 财年开始，该集团的服务收入占销售收入比重就已达到 30%，虽受金融危机等影响，其服务收入占比略有波动，但一直稳定在 30%左右，如图 8 所示。该集团服务收入中 90%以上来自为集团外企业提供的服务业务，例如为波音公司等企业准时化生产提供下料配送服务等。

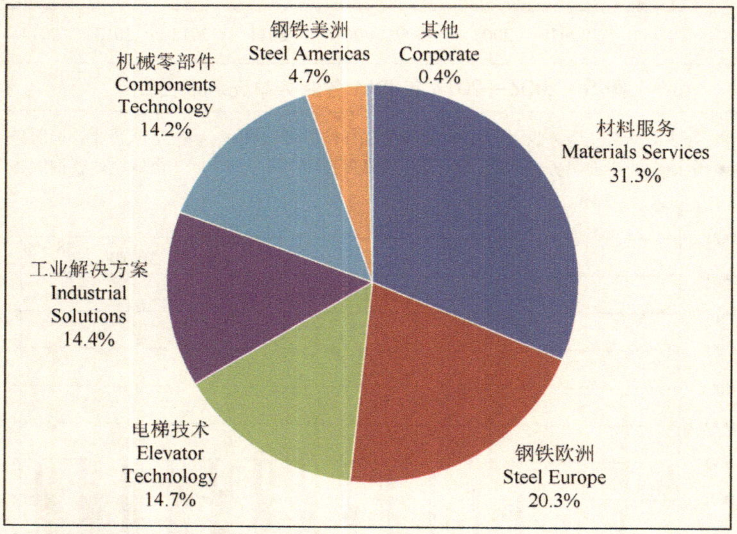

图 7　蒂森克虏伯集团 2013—2014 财年业务收入构成[11]

[10] 注：蒂森克虏伯材料服务业务单元以材料的下料、配送、技术与咨询服务等为主要内容，可向全球客户提供金属、合金、工业气体和焦炭。除提供碳钢、不锈钢、管材、有色金属、塑料等产品外，还提供材料处理、物流仓储、配送、供应链管理等服务。结合集团的全球化网络以及项目管理、知识管理，还可以在铁路设备、港口建设、工厂和钢厂服务等方面提供技术和基础设施服务。除此以外，业务内容还涉及设备租用、备件服务、安装维护等。代表性企业如蒂森克虏伯航空材料有限公司（Thyssenkrupp Aerospace）和曼内克斯有限公司（Thyssenkrupp Mannex）。

[11] 注：数据来源于蒂森克虏伯集团 2013—2014 财年年报，业务构成比例根据相应数据计算得出。本图计算所用集团总收入未扣除集团内部交易额。

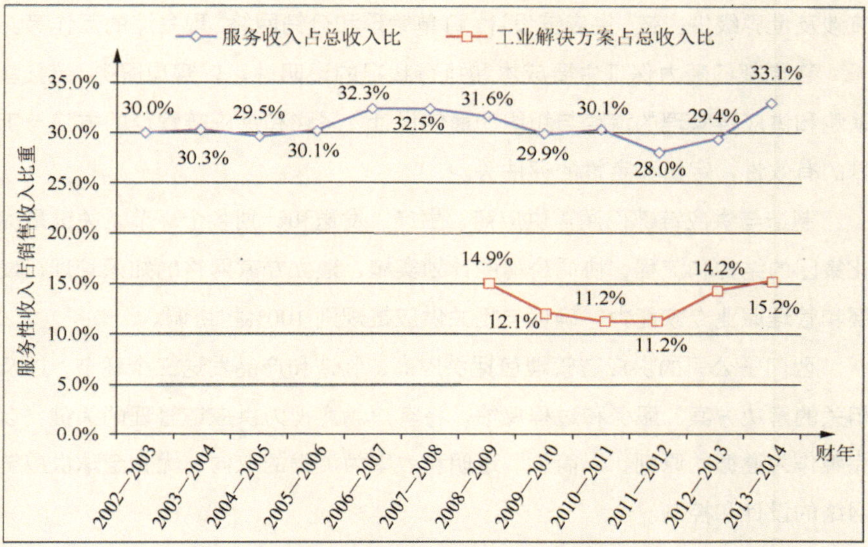

图 8　蒂森克虏伯集团服务性收入占销售收入比重[12]

四、西门子公司的供应链管理

西门子公司高度重视供应链管理，以其优化赢得市场竞争。

西门子公司专门设有供应链与采购管理部门（CSP），下设出口控制与海关、采购、咨询、制造与供应链、区域、合作伙伴管理等机构，其业务内容涵盖采购、制造、供应链管理全过程。采购环节涉及全球采购、先进的谈判理念、预算分析、成本分析和优化、分包的管理、联盟的管理等。制造环节涉及制造生产率、设备和材料流、西门子采购规程的执行等。供应链管理环

[12] 数据来源：蒂森克虏伯集团自 2002—2003 财年到 2013—2014 财年历次年报。

注：①蒂森克虏伯集团 2008—2009 财年对业务领域及收入统计进行了较大调整。② 2011 年 9 月 30 日，全球不锈钢业务已申报成为非持续运营业务，以“stainless global”名义运营的不锈钢部门整合剥离并更名为“Inoxum”，该业务与芬兰公司 Outokumpu 的合并已于 2012 年 12 月 28 日完成。计算时所采用的集团销售收入包含整合剥离的不锈钢业务收入，并扣除集团内部交易额。③ 自 2012/2013 年报开始，将“Plant Technology”和“Marine Systems”合并为“Industrial Solutions”。

节涉及世界级供应链、供应链设计、订单管理和分销网络、现金流的运作等。

咨询部门着力保证主要成本和执行状况的透明性，以实现服务、制造、采购和供应链管理的流程与组织的最佳设计，采购和供应链管理的方法与工具的有效性，定量和定性的评估等。

制造与供应链部门涵盖供应商、生产、发送和计划各个环节，关键是优化集团的结构和流程，协调公司的计划实施，建立专家网络的知识管理，发展和管理职业专家能力，确保与相关供应链规则100%相协调。

西门子公司的供应链管理包括供应商、制造和产品发送三个环节，以及相关的解决方案、服务和过程反馈，将客户满意视为供应链管理的关键；以完整作为遵循的原则，以简单、透明和效率为流程的取向，优化全球供应链网络的设计和控制。

五、法国阿尔斯通的能源服务

阿尔斯通（Alstom）是法国著名的跨国企业，主要业务领域包括热电、可再生能源、电力传输设施和交通运输，各占比例可见图9。

目前，该公司实物产品销售与服务的比例大致为7：3，见图10，服务主要集中于能源板块，热电与可再生能源板块。热电板块提供发电系统、设备和服务，以及从设备部件到交钥匙电厂全面解决方案，拥有覆盖70多个国家的全球销售和服务网络；其服务部门拥有15 000名专家，分布在25个技术产品中心，在70个国家建立了200多个本土服务中心，拥有先进、环境友好的技术及综合服务能力；主要提供配件供应、现场服务、咨询与技术支持、技术改造和协议服务。

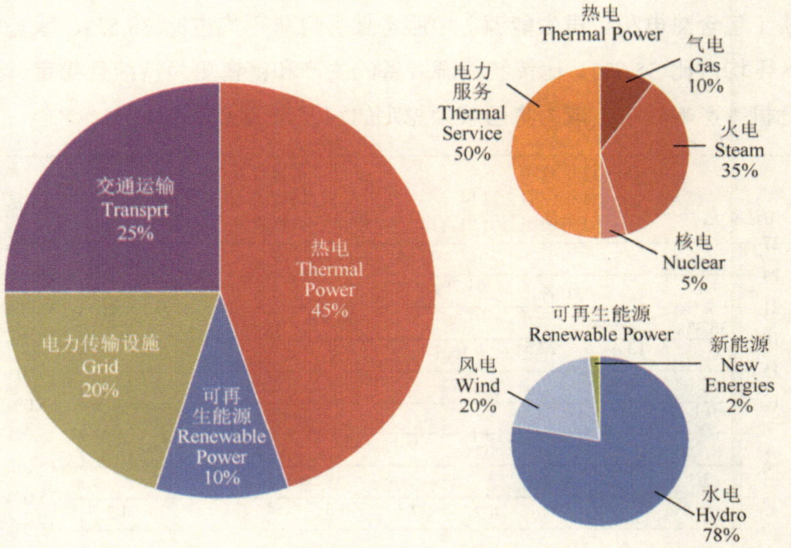

图 9　Alstom 业务板块构成[13]

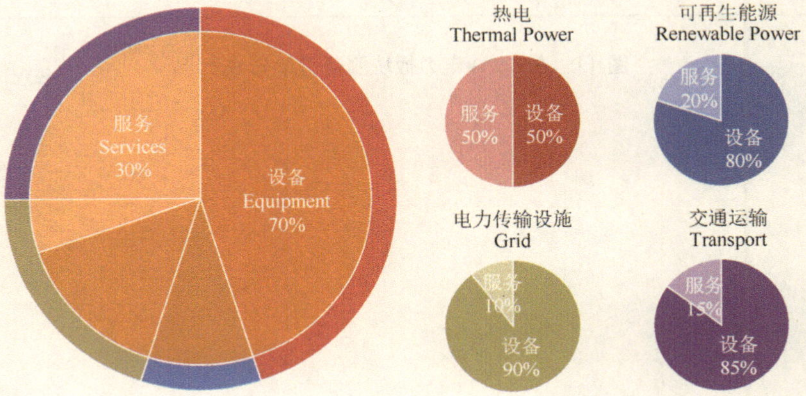

图 10　Alstom 集团及各业务板块设备与服务构成[14]

根据图 9 及图 10，自 2005—2006 财年以来的近 10 年中，阿尔斯通能源

[13] 资料来源：Alstom 年度报告。

[14] 资料来源：Alstom 年度报告。

板块（包含热电和可再生能源）中服务业务订单平均占比 38.5%，服务业务收入平均占比 35.7%，比传统能源装备的生产和销售更为持续且稳定，受金融危机等影响较小，成为集团较为稳定的利润来源（见图 11）。

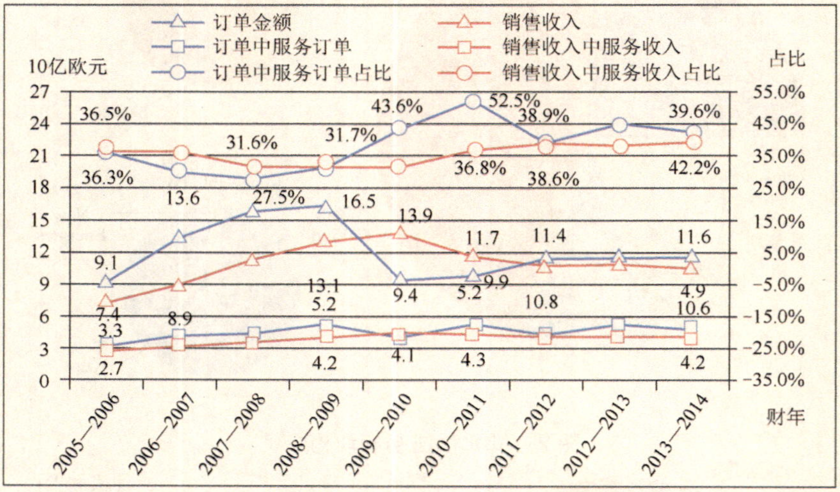

图 11　Alstom 电力板块服务订单与收入[15]

[15] 注：2009—2010 财年业务板块主要划分为 Power，Transport，其中 Power 包含 Renewables；自 2010—2011 财年开始，业务板块划分为 Power，Transport，Grid；自 2011—2012 财年开始，业务板块划分为 Thermal Power，Renewable Power，Grid，Transport；为统一计算口径，2010—2011 财年之后订单及销售收入数据为"Thermal Power"与"Renewable Power"之和。

编 委 会

跋

制造业是立国之本，兴国之器，强国之基。自从新中国成立尤其是改革开放以来，我国制造业持续快速发展，已经成为世界制造大国；但是，我国制造业大而不强，转型升级和跨越发展的任务紧迫而艰巨。当前，新一轮科技革命和产业变革与我国加快转变经济发展方式形成历史性交汇，中国制造站在了新的历史转折关头。

2015 年 5 月 8 日，国务院正式发布实施《中国制造 2025》。这是党中央、国务院总揽国际国内发展大势，站在增强我国综合国力、提升国际竞争力、保障国家安全的战略高度做出的重大战略部署，是我国实施制造强国战略的第一个十年的行动纲领。我们的目标是，通过今后三个十年的奋斗，把中国建设成为世界制造强国，为实现中华民族伟大复兴的中国梦打下坚实基础。

《中国制造 2025》的发布在国内外引起了巨大反响，国际经济界高度关注，国内工业界备感振奋，全国各地掀起了全面升级实体经济、大力发展制造业的热潮。

《中国制造 2025》的发布同时也引发了业界的战略研究和深入讨论。当前，特别需要加强思想上的沟通和交流，广泛地宣传《中国制造 2025》。为此，国家制造强国战略咨询委员会委托中国工程院战略咨询中心组织院士和专家撰写了《中国制造 2025》系列丛书。

《中国制造 2025》系列丛书共分为七卷，包括《〈中国制造 2025〉解读——省部级干部专题研讨班报告集》、《智能制造》、《优质制造》《绿色制造》、《服务型制造》、《工业强基》和《〈中国制造 2025〉重点领域技术创新绿皮书——技术路线图》。本丛书对《中国制造 2025》的战略定位、主要内容和工作部署进行了全面深入的阐释，以使制造业和社会各界人士更好地理解和贯彻《中国制造 2025》。

感谢院士和专家在百忙中为本丛书撰稿，感谢编写组全体成员的辛勤劳动，在较短的时间里，完成编辑和出版工作。

国家制造强国建设战略咨询委员会

2016 年 3 月